究極の
英語ライティング
Basic

津島玲子 著

JN087375

アルク

論理的な文章とは？

「書く」ということは、「読み手」に「メッセージ」を伝えることです。「書き手」は文章を通じて、特定の人物や不特定多数の読者などの「読み手」に、情報または意見や感情などの「メッセージ」を伝えます。

「読み手」や「メッセージ」によって、文章のタイプは異なります。たとえば、友人や家族とメールをやり取りするときにはカジュアルな文章になりますし、ビジネス上の取引先へのメールや上司に提出する報告書などでは当然フォーマルな文章を書くことになります。状況や内容によって文章に使われる言葉や書くスタイルの選択は変わってくるのです。

特に英文ライティングのフォーマルな文章において求められるのは「論理的な文章」です。「論理的な文章」とは、以下のような条件を備えています。

● 読み手にとって明白である

● 簡潔である

● 筋道が通って一貫している

英文ライティングのさまざまな論法を学ぶ

　一口に「論理的な文章」といっても、英文ライティングには、基本の論法 (rhetoric styles) が何種類かあり、どの論法を選ぶかによって、論理構成が変わってきます。

　この本では、基盤となる以下の4つの論法について学びます。日常でもビジネスでもさまざまな機会に非常によく使われる論法です。

描写	…………「目に見えるもの」を説明する
時系列	…………「時間の流れ」に沿って説明する
定義・紹介	…………「〜はどんなものか」を定義し、紹介する
理由付け	…………「なぜそうなのか」を説明する

　これらの論法を使って論理的な英語の文章を書くために、本書ではライティングの基本であるパラグラフ単位で論理展開について学び、練習していきます。

　自分の伝えたいメッセージが読み手に確実に届くように、この本で英文のさまざまな論法と書くためのテクニックを身に付けましょう。

津島玲子

目 次

Contents

第1章　英文ライティングの基本単位、パラグラフ

第2章　描写パラグラフ

基本を学ぼう

実践力をつけよう

第3章　時系列パラグラフ

基本を学ぼう

実践力をつけよう

特徴 ① 初級の3000語レベルで
多様でロジカルな英文が書ける

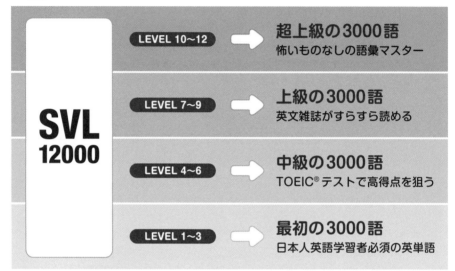

SVL 12000

LEVEL 10~12	→	**超上級の3000語** 怖いものなしの語彙マスター
LEVEL 7~9	→	**上級の3000語** 英文雑誌がすらすら読める
LEVEL 4~6	→	**中級の3000語** TOEIC® テストで高得点を狙う
LEVEL 1~3	→	**最初の3000語** 日本人英語学習者必須の英単語

アルク独自の「標準語彙水準12000」（SVL 12000）[1]は、日本人英語学習者にとって有用な英単語1万2000語を12段階にレベル分けした語彙リストです。本書で扱っている英文は主にSVL12000の LEVEL 1~3（初~中級レベル）の3000語をベースに構成されています[2]。

この3000語は、日常生活やビジネスシーンで頻繁に使われている、重要な語ばかりです。そして、このレベルの語彙の組み合わせで、フォーマルな英文での論理展開も十分に可能なのです。本書で、英語圏の人々と十分にコミュニケーションをとったり、ビジネスで渡り合ったりするための発信力の基盤を身に付けてください。

[1] SVL収録単語については、既刊「究極の英単語」シリーズ、あるいは「レベル別語彙リストSVL 12000」(https://www.alc.co.jp/vocgram/article/svl/) をご参照ください
[2] 多様な題材を扱っているため、固有名詞や用語などについては例外もあります。

特徴② 英語ライティングの基盤となる 4つの論法が身に付く

フォーマルな英語ライティングに必要な論法の中から、日常やビジネスの中でも特に使用頻度が高い以下の4つを学び、パラグラフ単位で書けるようになります。

- **描写パラグラフ** …………「目に見えるもの」を説明する(現場報告、目撃情報…)
- **時系列パラグラフ** ………「時間の流れ」に沿って説明する(マニュアル、予定、証言…)
- **定義・紹介パラグラフ** ……「〜はどんなものか」を定義し、紹介する(商品紹介、用語定義、日本紹介…)
- **理由付けパラグラフ** ………「なぜそうなのか」を説明する(報告書、企画趣意書、勧誘…)

特徴③ バリエーション豊かな英文と問題が 満載の学習プログラム

インプット→アウトプットの順で、数種類のタスクを積み重ねながら英語の論理展開と書くテクニックを身に付けていきます。

各論法につき、まず「基本を学ぼう」で演習問題を解きながら、英文の論理展開、パラグラフの構造と書き方をじっくりと身に付けます。次に「実践力をつけよう」のコーナーで、ヒントをもとに、さまざまなトピックの英文を書くレッスンをします。間取りの説明、行方不明の女の子の描写、道路事故現場ルポ、月面着陸の顛末、会社の沿革説明、日本の風物の紹介、商品のダメ出しの理由、農業ビジネスへの勧誘、などなど。興味を持って英文ライティングに取り組んでいただけることと思います。

その他、ロジカルな英文を体感し、自分のものにしていただけるよう、**実践問題の解答例の英文の音声ダウンロード特典**をご用意しました。本書で、あなたの英文ライティングをランクアップさせてください!

本書の構成と各ユニットの使い方

How to Use

●本書は、論理的な英文をパラグラフ単位で書けることを目標とする本です。

論理的な英文に必要ないくつかの論法の中から、「描写」「時系列」「定義・紹介」「理由付け」のパラグラフの書き方を学びます。

●本書は、以下の5章から成り立っています。

第1章　英文ライティングの基本単位、パラグラフ
　　　　（パラグラフの構成要素と英文ライティングの基礎を学びます）

第2章　描写パラグラフ

第3章　時系列パラグラフ

第4章　定義・紹介パラグラフ

第5章　理由付けパラグラフ

●第2〜5章は、以下のように構成されています。

🖊 基本を学ぼう

各パラグラフを書けるようになるための解説と演習問題

（I）〇〇パラグラフとは？（各テーマのパラグラフの構成と内容）

（II）トピックセンテンスを作ろう

（III）サポートを作ろう

（VI）〇〇パラグラフのサポートに役立つ表現

🖊 実践力をつけよう

ライティング実践問題①〜⑤

第1章 英文ライティングの基本単位、パラグラフ

英文ライティングの基本単位、パラグラフ

Ⅰ パラグラフとは?

「はじめに」で述べた通り、「論理的な文章」とは、「読み手にとって明白で、簡潔な、筋が通って一貫した」文章のことです。

文章は、1つ、もしくは2つ以上のパラグラフで構成されています。文章の最小構成単位であるパラグラフは、2つ以上の文のまとまりで、全体で「1つの主題」を説明します。

● パラグラフは何で構成されている?

パラグラフは、以下の要素で構成されています。
中でも必須なのはトピックセンテンスとサポートです。

● イントロ Introduction
読み手にパラグラフのトピックの一般的な情報を導入する文です。いわゆる「話の枕」で、本題に興味を抱かせる役割があります。

● トピックセンテンス Topic Sentence TS
パラグラフの主題を明示する重要な文です。これによって、パラグラフの大半を占めるサポートの内容が決まってきます。

● サポート Support
トピックセンテンスで述べている主題を具体的に説明している文です。一般にこの部分が最も長くなります。

● まとめ Conclusion
トピックセンテンスで述べた主題をもう一度「おさらい、念押し」する文です。ただし、トピックセンテンスとは別の表現を使います。
(Conclusionは一般に「結論」と訳しますが、新たに「結論」を導き出すというわけではありません。和訳にまどわされないようにしましょう。)

16

次のパラグラフ「My Father」を読み、パラグラフの要素を分析してみましょう。

イントロ
父は在宅で働いている。という一文でみの父の料理の話につなげている

トピックセンテンス TS
「お父さん」は「料理上手である」という主題をあらわしている

My Father

My father works at home. TS He is very good at cooking. He always prepares a hot breakfast for everyone every morning. On weekdays, he makes colorful, well-balanced boxed lunches for my mother and me. Every Sunday, my father prepares a nice dinner. He likes to cook food from many countries, including Japan, Italy and India. My family always enjoys his delicious dishes.

まとめ
「彼のおいしい料理を楽しんでいる」と TS 「お父さんは料理上手である」を言い換えて念押ししている

サポート
「お父さんは料理上手である」という主題の詳細な情報を示している

訳/私の父は家で働いている。父は料理が上手だ。彼は毎朝、いつもみんなのために温かい朝食をつくってくれる。平日は、母と私のために彩り豊かでバランスのいいランチを私と母につくってくれる。毎週日曜日、父は豪華なディナーをつくってくれる。彼は和食やイタリアン、インド料理などいろいろな国の食べ物を料理するのが好きだ。家族はいつでも彼のおいしい料理を楽しんでいる。

トピックセンテンスとサポートは全てのパラグラフに必要です。ただし、イントロとまとめは、必須ではありません。特に、パラグラフが長い文章の一つである場合は、イントロとまとめは省略される傾向にあります。

パラグラフに絶対必要なものは
トピックセンテンス TS
サポート

そもそも「パラグラフ」とは何なのか? **どういう要素で構成されているのか?** を実際の英文を例に説明。本書で重点的に学ぶトピックセンテンスとサポートについてしっかりと把握します。

2章からのパラグラフ・ライティング学習に本格的に入る前に英文ライティング全般に関する**2つの鉄則**を学びます。その他、「フォーマルな文章を書く際に気をつける点」にも触れます。

Ⅱ 英文ライティングの基本ルール

英文ライティングには、読み手にとって「分かりやすい・混乱しない」文または文章を書くための基本ルールがいくつかあります。

● ライティング基本ルール1:強調したい情報を主語に!

文では、冒頭、または強調されている情報をその文の主語とします。

◦ The cafe serves delicious cakes.
　主語
そのカフェは美味しいケーキを提供している→「そのカフェ」に着目して説明。

◦ Various types of delicious cakes are sold at the cafe.
　主語
色々なタイプの美味しいケーキが、その店で売られている→「色々なタイプの美味しいケーキ」を強調しています。

● ライティング基本ルール2:「大きい情報」から「小さい情報」へ!

まず「大きい情報」を導入し、そのあとで、より詳細な情報を示す「小さい情報」を提示します。

◦ Living in Osaka in the summer is tough.　It is very hot and humid.
　　　　大きい情報　　　　　　　　　　　　　小さい情報(詳細な説明)
「大阪で暮らすのは厳しい」(大きい情報)が導入され、その詳細な説明の「とても蒸し暑い」(小さい情報)が続いています。

◦ Many people enjoy outdoor activities, such as camping and hiking.
　　　　　　　　　　　大きい情報　　　　　　　　　　小さい情報(具体例)
「アウトドア活動」(大きい情報)が導入され、具体例が「キャンプやハイキングなど」(小さい情報)が続いています。

9

第2〜5章 **基本を学ぼう**

演習問題を解いて、**答えと解説でしっかり確認**しながら学習を進めます。

Basic Stage **基本を学ぼう**

(I) 描写パラグラフとは　目に見えるものを描きます

● **描写パラグラフで説明できること**

描写パラグラフは、「見えること」つまり「人・物・場所の様子」を説明するパラグラフです。読む人が頭の中で「書き手が見た事物・風景」を想像できるように客観的に説明します。

絵葉書や手紙、SNS、報告書やレポートなど、日常やビジネスで読み手に分かりやすく見たものを伝える機会は多いでしょう。

トピックセンテンスで「全体の様子」が説明され、サポートで何が具体的に見えるかが一定の法則に沿って示されます。

考えよう

次のトピックのうち、描写パラグラフで説明できるものに○を付けましょう。

1. 絵画に描かれている風景 ………………（ ）
2. 紛失物の特徴 …………………………（ ）
3. 新商品の仕様 …………………………（ ）
4. ホテルの部屋の間取り ………………（ ）
5. パレードの様子 ………………………（ ）
6. 遅刻した言い訳 ………………………（ ）
7. 建造物の装飾 …………………………（ ）
8. 伝統芸能の歴史 ………………………（ ）

解答・解説

1. ○ 2. ○ 3. × 4. ○ 5. ○ 6. × 7. ○ 8. ×
3、6と8以外は、「見えること」「様子」を説明しているので、描写パラグラフで説明できるトピックです。

● **描写パラグラフのモデル**

イラストを描写パラグラフの英文で表現する例を、次の問題を解きながら見てみましょう。

考えよう

次のイラストは動物園の「サル山の様子」を、下の英文はそれぞれのサルの行動をあらわしています。「山頂から時計回り」になるよう A) 〜 E) を順に並べてみましょう。

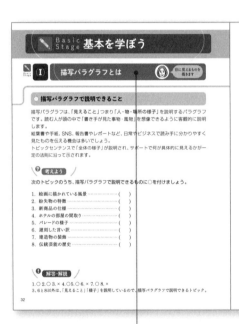

A) Momo, Taro's partner, is walking near him, with their baby monkey on her back.
B) Two baby monkeys are happily playing on ropes.
C) On the side of a hill, a young male monkey is eating fruit.
D) Group leader Taro is sitting on the top of a mountain, watching for any signs of enemies.
E) Two young female monkeys are brushing and cleaning each other's fur.

① ( ) → ② ( ) → ③ ( ) → ④ ( ) → ⑤ ( )

各章が扱うパラグラフについて、**内容（何を伝えるのか）**と**構成（どう伝えるのか）**をしっかり学びます。

パラグラフの主題をはっきりと言い切る文＝**トピックセンテンス**について、**各パラグラフ特有の特徴と作り方を、演習問題**を解きながら学びます。

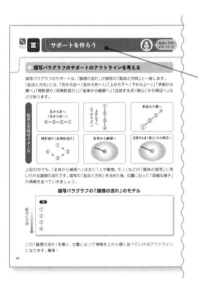

主題を具体的に説明するサポート部分について、**各パラグラフ特有の特徴と作り方を、演習問題**を解きながら学びます。

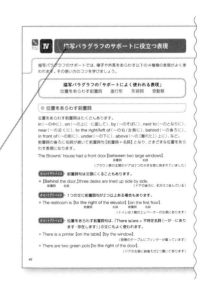

サポート部分で使う文法や語句について、**各パラグラフ特有の表現**を知り、使い方を学びます。「**確認問題**」や「**まとめの問題**」もあります。

実践力をつけよう

キー表現やヒントを手掛かりに、**自分でパラグラフを書いていきます。**
各章につき、トピックは5つ。進むにつれて、ヒントはだんだん少なくなり、難度が上がっていきます。

実践問題では、まず**Step1**でトピックセンテンスをしっかりと定め、**Step2**でサポートのアウトラインを考えて、パラグラフ完成に向けて準備していきます。

Step3でパラグラフを完成させます。問題①のみ英文の一部がフィックスされています。書いた後は、解答例と解説をしっかり読んで、パラグラフを完成させる過程をもう一度追体験してみてください。

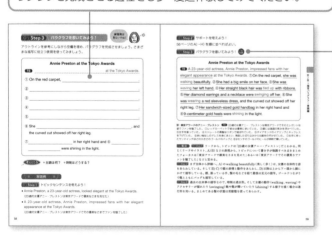

実践問題①～⑤の解答例の**完成英文は、音声に収録されています。**
音声の活用法については、次ページを参照してください。

●音声の活用法（ライティング実践問題①〜⑤の解答例）

ひと通り実践問題に取り組んだ後は、
①〜⑤の解答例の音声を使って、
正しいパラグラフ・ライティングの流れを頭に定着させましょう。
以下は、活用法の一例です。

① 解答例の英文に目を通し、内容を把握する
② 音声を聞きながら、英文を黙読・音読する
③ 英文を見ずに、音声だけを聞く
④ 音声に合わせて口に出して言ってみる

音声のダウンロードについて

本書の音声はすべて、アルクの「ダウンロードセンター」またはスマートフォン・アプリ「booco」よりダウンロードしていただけます（どちらも無料です）。

■ アルク「ダウンロードセンター」
https://www.alc.co.jp.dl/

■ スマホで音声の再生ができるアプリ「booco」
https://www.booco.jp/

上記URLでインストール後、「booco」内で本書を検索し、音声ファイルをダウンロードしてください。

ダウンロードセンターおよびboocoの内容は、予告なく変更する場合がございます。あらかじめご了承ください。

第1章

英文ライティングの
基本単位、パラグラフ

本書の目的は文章の最小構成単位、
パラグラフを4種の論法で書けるようになること。
英文ライティングにおいて、
パラグラフに必要な構成要素は何でしょうか？
具体的な論法に入る前に、
パラグラフ・ライティングの
基本事項を押さえましょう。

英文ライティングの基本単位、パラグラフ

(I) パラグラフとは？

 本書で学ぶ
メインテーマです

「はじめに」で述べた通り、「論理的な文章」とは、「読み手にとって明白で、簡潔な、筋が通って一貫した」文章のことです。

文章は、1つ、もしくは2つ以上のパラグラフで構成されています。文章の最小構成単位であるパラグラフとは、2つ以上の文のまとまりで、全体で「1つの主題」を説明します。

● パラグラフは何で構成されている？

パラグラフは、以下の要素で構成されています。
中でも必須なのはトピックセンテンスとサポートです。

● イントロ Introduction

読み手にパラグラフのトピックの一般的な情報を導入する文です。いわゆる「話の枕」で、本編に興味を抱かせる役割もあります。

● トピックセンテンス Topic Sentence **TS**

パラグラフの主題を明示する重要な文です。これによって、パラグラフの大半を占めるサポートの内容が決まってきます。

● サポート Support

トピックセンテンスで述べている主題を具体的に説明している文です。一般にこの部分が最も長くなります。

● まとめ Conclusion

トピックセンテンスで述べた主題をもう一度「おさらいし、念押し」する文です。ただし、トピックセンテンスとは別の表現を使います。
（Conclusion は一般に「結論」と訳しますが、新たに「結論」を導き出すというわけではありません。和訳にまどわされないようにしましょう。）

次のパラグラフ「My Father」を読み、パラグラフの要素を分析してみましょう。

イントロ

父は在宅で働いている、という一文で次の父の料理の話につなげている

トピックセンテンス TS

「お父さん」は「料理上手である」という主題をあらわしている

My Father

My father works at home. TS He is very good at cooking. He always prepares a hot breakfast for everyone every morning. On weekdays, he makes colorful, well-balanced boxed lunches for my mother and me. Every Sunday, my father prepares a nice dinner. He likes to cook food from many countries, including Japan, Italy and India. My family always enjoys his delicious dishes.

まとめ

「彼のおいしい料理を楽しんでいる」は TS 「お父さんは料理上手である」を言い換えて念押ししている

サポート

「お父さんは料理上手である」という主題の詳細な情報を示している

訳：私の父　父は家で働いている。父は料理が上手だ。彼は毎朝、いつもみんなのために温かい朝食を作ってくれる。平日は、母と私のために彩りのいいバランスの取れた弁当を用意してくれる。毎週日曜日、父は豪華なディナーを作ってくれる。彼は和食やイタリアン、インド料理などいろんな国の食べ物を料理するのが好きだ。家族はいつでも彼の料理をおいしく食べている。

トピックセンテンスとサポートは全てのパラグラフに必要です。ただし、イントロとまとめは、必須ではありません。特に、パラグラフが長い文章の一つである場合は、イントロとまとめは省略される傾向にあります。

> **パラグラフに絶対必要なものは**
> トピックセンテンス TS
> サポート

次のパラグラフを読み、このパラグラフで説明している主題を表すトピックセンテンス **TS** に
線を引きましょう。

Movies

①A number of movies are produced every year. ②Movies can
entertain people differently. ③Action movies excite people and can
help them release their stress and feel better. ④Romantic movies
allow people to share feeling of love as they start to care about the
main characters. ⑤Others watch history movies to learn about
interesting and important events in history. ⑥Movies can provide
people with different experiences.

● 解答・解説 1

トピックセンテンス **TS** = Movies can entertain people differently.

①「毎年、多くの映画が作られる」は、「映画」の一般的な情報でイントロ。②の「映画は人を異なった方法で楽しませる」が、このパラグラフの主題すなわちトピックセンテンスである。それ以降の③〜⑤は「アクション、ロマンス、歴史ものの映画がどのように人を楽しませているか」を説明しており、主題の「異なった方法で人を楽しませる」をより具体化したサポート部分である。最後の⑥「映画は人に、いろいろな経験をするチャンスを提供する」は、トピックセンテンスが明示している「映画は人を異なった方法で楽しませる」を言い換えたまとめの文。

訳：映画 毎年おびただしい数の映画が製作されている。映画は人をいろいろな異なった方法で楽しませる。アクション映画は観る人に興奮をもたらし、ストレス発散や気分転換の助けとなってくれる。ロマンス映画では、多くの人々にあたかも主要キャラを好きになったような恋の感覚をもたらしてくれる。歴史映画を観る人々は歴史上の面白くて重要な出来事について学ぶことができる。映画は人にいろいろな経験を提供してくれるのだ。

● 主題は明確なものを1つだけ定めること

次の文章のトピックも同じく「My Father」ですが、こちらは主題が1つに絞られていません。そういう文章で読み手はいかに混乱するか、実際に体験してみましょう。

● 主題が絞られていない非論理的なパラグラフ ●

My Father

①My father works at home.

①なるほど、彼はそういう人なのね（イントロ）

②He likes diving.

②お、このパラグラフはお父さんのdivingの趣味について説明するのかな。つまり①はイントロで②はTSなのね

③He often dives in the sea and enjoys watching various types of fish.

③ふむふむ、彼はdivingを通してこんなことをするのか

④He sometimes catches fish and cooks them,

④divingから料理の話に？ このパラグラフの主題はdivingじゃないの？

⑤but colorful fish are not very delicious.

⑤My fatherの話からずれてきてる……

⑥On weekends, he plays base-ball with his friends at a local stadium,

⑥あれ、突然baseball？ divingから話がそれた？ このパラグラフの主題はmy fatherの趣味全体のことなの？

⑦but I am a big fan of American football.

⑦いきなり「私」の好みの話に！ 主題はお父さんのことじゃないの？

⑧I think American football is more exciting than baseball.

⑧全然違うポイントにずれてる

で、結局何を説明したかったの???

訳:**私の父** ①私の父は家で働いています。②彼はダイビングが好きです。③しょっちゅう海でダイビングしていろんな種類の魚のウォッチングをしています。④彼は時々魚を捕って料理しますが、⑤カラフルな色の魚はあまりおいしくありません。⑥週末は、地元の球場で友人たちと野球を楽しんでいます。⑦でも私はアメフトが好きなのです。⑧アメフトの方が野球よりワクワクします。

このように、1つの主題を定めていないパラグラフは、読み手を混乱させてしまいます。「父はダイビングが好きだ」が主題なら、最後までその内容に関する文で展開するべきなのです。

非論理的なパラグラフを避けるため、主題は明確なものを1つだけ定めてから書き始めるようにしましょう。

> 1パラグラフに主題は1つだけ！
> つまりトピックセンテンス **TS** も1つだけ！

● トピックセンテンスの (TS) 構成

トピックセンテンスはパラグラフの主題を明示し、パラグラフ全体の内容を指定する重要な文です。

トピックセンテンスで説明される主題は、**トピック**と、そのトピックの「**どういう点に関する**」説明なのか焦点を絞った**1つの論点**から構成されています。

この本ではこの1つの論点を**フォーカス**と呼びます。

次のトピックセンテンスを見てみましょう。

Many stamps　reflect the society and culture of a country

　　　↑　　　　　　　　　　　　　　↑
　トピック　　　　　　　　　　フォーカス

このパラグラフの**トピック**は「切手」で、**フォーカス**（どういう点に関する説明か）は「社会と文化を反映している」となります。

トピック	＝ 切手
フォーカス	＝ 社会と文化を反映している

> トピックセンテンス **TS** で説明する主題は、
> 「トピック」と「フォーカス」が必要！

●「フォーカス」の重要性

パラグラフの「トピック」が同じでも、「フォーカス」が変わると、パラグラフの主題が
変わります。

以下は、「トピック」はすべて「富士山」ですが、「フォーカス」が異なるトピックセンテ
ンスの例です。

| トピック | 富士山 |

| フォーカス | = 日本の象徴 |

Mount Fuji <u>is a symbol of Japan</u>.

            ↑
      フォーカス

| フォーカス | = 冬に登るのは危険 |

Mount Fuji <u>is dangerous to climb in winter</u>.

          ↑
     フォーカス

| フォーカス | = 多くの日本美術作品は（富士山に）関係している |

<u>Many Japanese art works are related to</u> Mount Fuji.

      ↑
   フォーカス

 「トピック」が主語で、「フォーカス」が「動詞、述語部分」になる
ケースが多いのですが、必ずしもそうなるとは限りません。

「フォーカス」が主題を決める

確認問題 2

次の文 1) − 8) のうち、トピックセンテンスとして適する文を選びましょう。また、その「トピック」と「フォーカス」を見極めましょう。

( ) 1) The topic of this paragraph is shogi, or Japanese chess.

( ) 2) The topic is about the influence of social movements on art.

( ) 3) I am writing about pizza.

( ) 4) Different theories explain when and where wine was first made.

( ) 5) There are various ways to enjoy cheese.

( ) 6) Ryunosuke Akutagawa wrote "Rashomon" in 1915.

( ) 7) This book explains the history of cars.

( ) 8) The man is standing by the theater entrance.

確認問題 3

次の２つのパラグラフ１と２は、どちらも「トピック」は「猫」ですが、「フォーカス」＝論点が異なります。それぞれのサポート部分の情報をもとに、フォーカスを考え、正しいトピックセンテンスをＡとＢから選びましょう。

> ### パラグラフ１

| トピック | = 猫 |

| フォーカス | = ？ |

Cats

TS _____.

Cats should be provided with fresh water and food every day. A sand box for their waste should be cleaned on a regular basis. Cats need to be combed once in a while. A mat for cats to scratch their nails on is necessary. Otherwise, their nails will damage walls and furniture.

A. Pet cats require special care.

B. Cats have unique features.

問題次ページに続く ⇨

トピック ＝ 猫

フォーカス ＝ ?

Cats

TS _____ .

Cats clean themselves with their tongues. They hide their waste by putting dirt on it. Cats respond to something moving and try to catch it. They like staying in a small space.

A. Pet cats require special care.

B. Cats have unique features.

解答・解説 2

トピックセンテンスとして適している文は 2) 4) 5) 7)

2) The topic is about <u>the influence of</u> <u>social movements</u> <u>on art.</u>

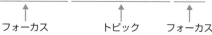

     フォーカス   トピック   フォーカス

4) <u>Different theories explain when and where</u> <u>wine</u> <u>was first made.</u>

     フォーカス   トピック   フォーカス

5) There are <u>various ways to enjoy</u> <u>cheese.</u>

     フォーカス   トピック

7) This book explains <u>the history of</u> <u>cars.</u>

     フォーカス トピック

トピックセンテンスとして適さないのは1)、3)、6)、8)。これらには、トピックのみでフォーカスがない。6)は一見ありそうだが、サポートで何が説明されるのか不明瞭だ。

訳：
1) このパラグラフの主題は将棋、つまり日本のチェスだ。
2) 主題は、芸術への社会運動の影響についてだ。
3) 私はピザについて書いている。
4) ワインの発祥の時期と場所については諸説ある。
5) チーズを楽しむいろいろな方法がある。
6) 芥川龍之介は1915年に「羅生門」を書いた。
7) この本は車の歴史について説明している。
8) その男は劇場の入口の近くに立っている。

 解答・解説 3

 パラグラフ1

A. Pet cats require special care.

フォーカス

サポートでは、ペットの猫に必要なさまざまなケアが説明されている。

 パラグラフ2

B. Cats have unique features.

フォーカス

サポートでは猫のさまざまな習性が説明されている。

訳：

パラグラフ1
猫 **TS** ペットの猫には特別なケアが必要だ。猫には毎日新鮮な水と食べ物を用意してあげなければならない。トイレ用の砂箱は定期的に掃除するべきだ。ときどき毛もとかしてあげなければならない。猫用の爪とぎマットも必要だ。それがなければ、爪で壁や家具を傷めてしまう。

パラグラフ2
猫 **TS** 猫には独特の特徴がいくつかある。猫は舌を使って自分の体をきれいにする。排泄物は土でおおって隠す。動くものに反応し、捕まえようとする。狭い場所に納まりたがる。

● サポートはアウトライン作りから

パラグラフのサポートは、トピックセンテンスで明示している「トピック」と「フォーカス」について詳細に説明する部分で、具体的な情報が多く盛り込まれます。

論理的なパラグラフを書くには、「内容（何を伝えるか）」と「構成（どのように伝えるか）」を考える必要がありますが、情報の多いサポート部分では特に注意しなければなりません。

サポート部分の英文はいきなり書くのではなく、まずは**キーワードのみを使って必要な情報を論理的に並べ**、アウトラインを作ることが重要です。

サポートはまずアウトラインを作ってから

TS _____.

サポートの情報＝「内容」

「構成」＝論理の流れ

 アウトラインの作り方については、各章で練習していきましょう。

Ⅱ 英文ライティングの基本ルール

英文ライティングには、読み手にとって「分かりやすい・混乱しない」文または文章を書くための基本ルールがいくつかあります。

○ ライティング基本ルール1：強調したい情報を主語に！

文では、着目、または強調されている情報をその文の主語とします。

● <u>The cafe</u> serves delicious cakes.
     主語

そのカフェは美味しいケーキを提供している→「**そのカフェ**」に着目して説明。

● <u>Various types of delicious cakes</u> are sold at the cafe.
           主語

色々なタイプの美味しいケーキが、その店で売られている→「**色々なタイプの美味しいケーキ**」を強調しています。

○ ライティング基本ルール2：「大きい情報」から「小さい情報」へ！

まず「大きい情報」を導入し、そのあとで、より詳細な情報となる「小さい情報」を提示します。

● <u>Living in Osaka in the summer is tough.</u>　<u>It is very hot and humid.</u>
     大きい情報   小さい情報（詳細な説明）

「大阪で夏に暮らすのは厳しい」（大きい情報）が導入され、その詳細な説明の「とても蒸し暑い」（小さい情報）が続いています。

● Many people enjoy <u>outdoor activities,</u> <u>such as camping and hiking.</u>
           大きい情報   小さい情報（具体例）

「アウトドア活動」（大きい情報）が導入され、具体例として「キャンプやハイキングなど」（小さい情報）が続いています。

すでに書いた「既知の情報」に触れながら、「新しい情報」を足して説明すると文章の流れがスムーズになり、読み手にとって読みやすい文章になります。（ただし、最初の文では、もちろんすべての情報が「新しい情報」となります。）

● The internet is now <u>widely used in various fields and by many generations.</u>

　　　　　　　　　　　　　　新しい情報

● <u>Because it's so popular,</u> <u>businesses try to profit from it.</u>
　　既知の情報　　　　　　　　新しい情報

「インターネットがさまざまな分野で幅広い年代の人々によって使われている」という情報が次の文では「とても人気がある」という既知情報に転換され、それが「企業がそれから利益を得ようとしている」という新しい情報につながっています。

3つのライティングの基本ルールにある主語の選択や情報の並べ方は、パラグラフの論法と主題に大きく影響されます。さまざまなパターンをこの本で学んでいきましょう。

フォーマルな文章を書く際に気を付ける点

論理的でフォーマルなライティングで最も重要なのは、「内容」と「構成」です。ただし、言葉遣いや文法が間違っていると、読み手に内容が伝わらないばかりか不快な思いを抱かせかねません。

フォーマルな文章を書くために、以下の点に気を付けましょう。

● 客観的な表現
●「書き言葉」と「話し言葉」

○ 客観的な表現

フォーマルな文章では、客観的な説明が好まれます。書き手の感情を含まず、第三者の立場で事実や主張を伝える書き方です。

一般的な通念や常識について記述する場合、you や we「(私たち)みんな」を主語に据え、読み手を同じ目線に巻き込んだり、また直接訴えかけて共感を得る方法もあります。しかし、読み手も第三者の立場に立って読める記述にするには、下記の例のように、具体的な主語を立てるように心掛けましょう。

　You should visit Japan for a variety of reasons.

　　↓ より客観的に

● Many tourists visit Japan for a variety of reasons.
　(多くの旅行者はさまざまな理由で日本を訪れる)

　We can buy sour plums at supermarkets in Japan.

　　↓ より客観的に

● Sour plums are available at supermarkets in Japan.
　(梅干しは、日本のスーパーで手に入る)

第1章 ● 英文ライティングの基本単位、パラグラフ

●「書き言葉」と「話し言葉」

「話し言葉」で使われるカジュアルで砕けた表現は避け、「書き言葉」に適した語彙や表現を使いましょう。

- the kid → the child
- a strange guy → a strange man
- It is so hot. → It is very hot.
- The restaurant is kind of good. → The restaurant is good.

フォーマルな英語ライティングには、「内容」「構成」の他に、「客観的な視点」「書き言葉特有の言葉遣い」が必要なことを忘れないようにしましょう。

これで、パラグラフ・ライティングの基本事項は押さえました。
いよいよこれから、4つの論法──「描写」「時系列」「定義・紹介」「理由付け」──を使ったライティングを学んでいきます！

第2章

描写パラグラフ

「目に見えるもの」を説明するパラグラフ。
広いスペース内に存在する
人やものの描写でも、
ある個体についての描写でも
ある一定の法則を心得ていれば、
説明は非常に楽になります。
キーワードは「起点と方向」!

Basic Stage ❶ 描写パラグラフとは

 目に見えるものを描きます

○ 描写パラグラフで説明できること

描写パラグラフは、「見えること」つまり「人・物・場所の様子」を説明するパラグラフです。読む人が頭の中で「書き手が見た事物・風物」を想像できるように客観的に説明します。

絵葉書や手紙、SNS、報告書やレポートなど、日常やビジネスで読み手に分かりやすく見たものを伝える機会は多いでしょう。

トピックセンテンスで「全体の様子」が説明され、サポートで何が具体的に見えるかが一定の法則に沿って示されます。

? 考えよう

次のトピックのうち、描写パラグラフで説明できるものに○を付けましょう。

1. 絵画に描かれている風景 ……………… （　　　）
2. 紛失物の特徴 ……………………………… （　　　）
3. 新商品の仕様 ……………………………… （　　　）
4. ホテルの部屋の間取り ………………… （　　　）
5. パレードの様子 ………………………… （　　　）
6. 遅刻した言い訳 ………………………… （　　　）
7. 建造物の装飾 …………………………… （　　　）
8. 伝統芸能の歴史 ………………………… （　　　）

! 解答・解説

1.○ 2.○ 3.× 4.○ 5.○ 6.× 7.○ 8.×

3、6と8以外は、「見えること」「様子」を説明しているので、描写パラグラフで説明できるトピック。

● 描写パラグラフのモデル

イラストを描写パラグラフの英文で表現する例を、次の問題を解きながら見てみましょう。

？ 考えよう

次のイラストは動物園の「サル山の様子」を、下の英文はそれぞれのサルの行動をあらわしています。「山頂から時計回り」になるようA) 〜 E) を順に並べてみましょう。

A) Momo, Taro's partner, is walking near him, with their baby monkey on her back.

B) Two baby monkeys are happily playing on ropes.

C) On the side of a hill, a young male monkey is eating fruit.

D) Group leader Taro is sitting on the top of a mountain, watching for any signs of enemies.

E) Two young female monkeys are brushing and cleaning each other's fur.

① (　　) → ② (　　) → ③ (　　) → ④ (　　) → ⑤ (　　)

① (D) → ② (A) → ③ (C) → ④ (E) → ⑤ (B)

訳：D) ボスザルのタローは山のてっぺんに座って敵対的な動きがないかにらみを利かせている　A) タローのパートナーのモモは、赤ちゃんザルを背に、タローのそばを歩いている　C) 山の中腹では、若いオスザルが果物を食べている　E) 2匹の若いメスザルがお互いの毛づくろいをしている　B) 2匹の子ザルがロープの上で楽しそうに遊んでいる

「フローチャート」から「描写パラグラフ」へ

では、イラストをあらわす英文①～⑤と「サル山の様子」を説明している描写パラグラフの構成を見比べてみましょう。

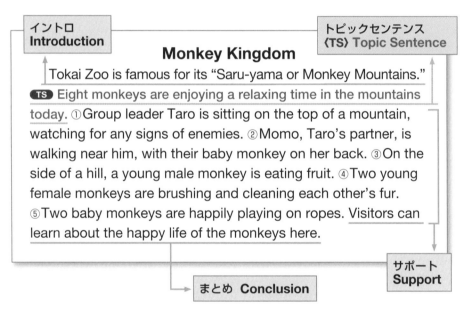

| イントロ Introduction | | トピックセンテンス 〈TS〉 Topic Sentence |

Monkey Kingdom

Tokai Zoo is famous for its "Saru-yama or Monkey Mountains."

TS Eight monkeys are enjoying a relaxing time in the mountains today. ①Group leader Taro is sitting on the top of a mountain, watching for any signs of enemies. ②Momo, Taro's partner, is walking near him, with their baby monkey on her back. ③On the side of a hill, a young male monkey is eating fruit. ④Two young female monkeys are brushing and cleaning each other's fur. ⑤Two baby monkeys are happily playing on ropes. Visitors can learn about the happy life of the monkeys here.

サポート Support

まとめ Conclusion

あるスペース内の複数のものを描写する場合には、「山頂から」のように始まりの地点を決めて、一定の方向に書いていきます。主語は当然変わっていきます。時制については、今見えるものについてなのでこの場合は現在形となります。

訳：**サル王国** 東海動物園は、サル山で有名だ。 TS 今日はそのサル山で8匹のサルがのんびりくつろいでいる。①ボスザルのタローは山のてっぺんに座って敵対的な動きがないかにらみを利かせている。②タローのパートナーのモモは赤ちゃんザルを背にタローのそばを歩いている。③山の中腹では、若いオスザルが果物を食べている。④2匹の若いメスザルはお互いの毛づくろいをしている。⑤2匹の子ザルはロープの上で楽しそうに遊んでいる。／訪問客はそこでサルの楽しい生活の様子を知ることができる。

○ 描写パラグラフのトピックセンテンスとは？

| トピック | = 8匹のサル |

+

| フォーカス | = サル山でのんびりと過ごしている |

↓

| トピックセンテンス TS |

= 「8匹のサル」は「サル山でのんびりと過ごしている」

描写パラグラフの「フォーカス」は「全体の様子」をあらわします。

TS <u>Eight monkeys</u> <u>are enjoying a relaxing time in the mountains today.</u>

↑   ↑
「トピック」   「フォーカス」

○ 描写パラグラフのサポートとは？

| サポート |

サポートはTSの「全体の様子」に続けて「詳細な様子」をあらわすセンテンスの一群です。まず必要なのは、描写を始める「起点」を決めること。Monkey Kingdomでは「一番目立つ山頂のボス」を起点とします。次に描写しやすい「方向」を自分で判断します。この場合、山頂から下に向けて「時計回り」の方向を選びました。その方向——「一番目立つ山頂のボスから時計回りに」順を追って①～⑤の「見えること」の情報を並べたものが「サポート」です。つまり、サポートの「論理の流れ」は描写の「起点と方向」と一致しています。

また、人、動物、モノなど、ある個体について描写する場合は、対象物の「核」となる部分を起点とし、情報の重要度を決めて順に描写していきます。

描写パラグラフの「詳細な様子」には、次の情報が含まれます。

- 「何が」
- 「どこに・どこで」
- 「何をしている・何が起きている」
- 「どのように見える」

読み手がイメージできるように
描写しましょう！

描写パラグラフのポイント！

1. 「フォーカス」が「全体の様子」をあらわしている

2. 「サポート」は、「起点と方向」の規則を決めて、「見えること」
の情報を位置や重要度に添って並べるだけ！

トピックセンテンス（TS）を作ろう

一文だけど
超重要！

◯ 描写パラグラフのTSのフォーカスで使われる表現

このパラグラフのトピックセンテンスの「フォーカス」は人・物・場所の**「全体の様子」**の特徴や印象を簡単にあらわします。次の例を見てみましょう。

> **トピック** = 丘の上の家
>
> **フォーカス** = 城のようだ

TS The house on the hill | looks like a European castle.

↑　　　　　　　　　　　　↑ （丘の上の家はヨーロッパのお城のように見える）
「トピック」　　　　　「フォーカス」

次の2つのトピックセンテンスは、同じ「トピック」と「フォーカス」をあらわしています。表現のバリエーションに注目してみましょう。

The European castle-like house is on the hill.

↑　　　　　　　　　↑ （ヨーロッパのお城のような屋敷が丘の上にある）
「フォーカス」　　　「トピック」

The owner built his house on the hill to look like a European castle.

↑　　　　　　　　　　↑
「トピック」　　　　　　「フォーカス」
（オーナーは丘の上にヨーロッパの城のような屋敷を建てた）

このように、描写パラグラフの「フォーカス」には、**「全体の様子」の特徴や印象**をあらわす表現がよく使われます。

描写パラグラフの「フォーカスによく使われる表現」

- 様子・印象を描写する形容詞や副詞 (relaxing, slowly など)
- 起こっていることや動作を描写する動詞 (are enjoying など)
- 位置をあらわす前置詞 (in, on, next to, against など)
- look / seem「～に見える」like「～のように」

見極めよう！1

以下の文の中から、描写パラグラフのトピックセンテンスに適すると思われる文に〇をつけましょう。この場合、フォーカスは「全体の様子」の特徴や印象をあらわします。

( ) 1. High Sky Airlines upped its air fares this January.

( ) 2. The TV show uses a mid-European setting to take viewers back into history.

( ) 3. Al-Khazneh is a tomb in Petra, Jordan, with the most highly decorated front of its kind.

( ) 4. Professor Brown performed like an actor while teaching his Shakespeare class last week.

( ) 5. The highways to Tokyo were jammed with cars on the last day of Golden Week.

( ) 6. Hiroshi finely chopped onions.

( ) 7. The audience at the parade seemed extremely excited.

( ) 8. Destroying an old building takes time and money.

( ) 9. The hand-written cards looked beautiful and neat.

解答・解説

1. × 2. ○ 3. ○ 4. ○ 5. ○ 6. × 7. ○ 8. × 9. ○

1.「運賃の値上げ」は、「なぜ」か「どれぐらい」という問題点の議論という内容が予想される。「見た目」「様子」ではない。

6. Ken がとった行動の「詳細な様子」で、「全体の様子」ではない。

8.「ビルの破壊処理」についての過程あるいは内容をあらわしている。

訳：1. ハイスカイ航空は今年の1月に航空料金を値上げした　2. そのテレビ番組は中世ヨーロッパのセットを組んで、視聴者を歴史の世界に引き込んでいる　3. エル・ハズネはヨルダンのペトラ市にある墳墓で、この手のものでは正面の装飾が最も壮麗だ　4. ブラウン教授は先週のシェイクスピアの授業で教える際に、まるで俳優のような演技を披露した　5. GW最終日、東京へ向かう幹線道路は車で渋滞した　6. ヒロシはタマネギをみじん切りした　7. パレードの観衆の興奮は、最高潮に達しているようだった　8. 古いビルの破壊には時間とお金がかかる　9. その手書きのカードの見栄えは綺麗で素敵だった

 ポイント　アドバイス　描写パラグラフに適したトピックセンテンスをもう一度読み、自分で書く時の参考にしましょう。

見極めよう！2

1. 以下は、右のイラストの猫を描写したパラグラフで、トピックセンテンスが空欄になっています。タイトルと文章を読み、選択肢1〜3の中から、「フォーカス」が「全体の様子」の特徴をあらわしているトピックセンテンスに○をつけましょう。（複数回答可）

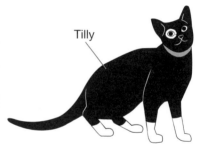

Tilly

Tilly

TS _____ .

She is 3 years old and weighs 2 kilograms. She has a white spot around her right eye. She also has white spots on her feet that make her look as if she's wearing socks.

(　) 1. Tilly, a missing black cat, has unique patterns.

(　) 2. The owner is looking for his missing black cat, Tilly, in a unique way.

(　) 3. A missing black cat called Tilly looks unique.

1.○   2.×   3.○／2の「フォーカス」は「独特な方法で探す」とあり、様子の描写ではない。

訳：ティリー　1.行方不明の黒猫のティリーには変わった模様がある　2.飼い主は行方不明の黒猫を独特な方法で探している　3.行方不明の黒猫ティリーは、独特な外見をしている／彼女は3歳で体重は2キロだ。右目の周りは白いぶちになっている。足元は白ぶちになっていて、白いくつ下をはいているように見える。

● トピックセンテンスを実際に作る

書いてみよう！

次のA、B各パラグラフについて、「トピック」「フォーカス」の日本語、タイトルとサポートの情報をもとに、トピックセンテンスを表現を変えて2つずつ書いてみましょう。p.38の「フォーカスによく使われる表現」も参考にしましょう。

A.　　トピック　　＝ 富士見公園

　　　フォーカス　　＝ いくつかの子供用の遊具 (equipment for children) がある

Fujimi Park

TS _____.

There are three swings near the front. A playground slide is set in the middle. A sand box and high bars are in the back corner.

B.　　トピック　　＝ セール中のソファ

　　　フォーカス　　＝ ？（自分で考えよう）

Sofa on Sale

TS _____.

It has an "L"-shape design and fits in the corner of a room. Measured from the rear, it is 10 feet long on the right side, and 5 feet long on the left. It has solid construction and is covered in 100 percent leather. The color is light brown, and the sofa has no stains or damage.

ヒント！　　サポートではソファーの大きさとクリーンなイメージが説明されています。

● 解答例・解説 ●

A.

1. Fujimi Park has some equipment for children.
2. Children can enjoy different types of equipment in Fujimi Park.

訳：富士見公園 1.富士見公園には児童用の設備がある　2.子供たちは富士見公園のいろいろな設備で遊ぶことができる／正門のそばにブランコが3台ある。真ん中には滑り台が設置されている。砂場と鉄棒が奥の方にある。

B.

　フォーカス　⇒ 大きい、きれい

1. A sofa on sale is large and clean.
2. A clean, large sofa is waiting to be picked up.

訳：特売ソファ 1.特売ソファは大きくてきれいです　2.きれいで大きなソファがあなたをお待ちしています／L型のデザインで、部屋の隅にぴったり収まります。後部サイズは、右側が10フィート、左側が5フィート。一体構造で全て本革です。明るい茶色で、ソファにシミや破損はありません。

　解説　2は売り手側のPR的な視点が前面に押し出されたTSとなっている。waiting to be picked upはよく使われる宣伝文句。

III サポートを作ろう

● 描写パラグラフのサポートのアウトラインを考える

描写パラグラフのサポートは、「論理の流れ」が描写の「起点と方向」と一致します。
「起点と方向」には、「右から左へ（左から右へ）」「上から下へ（下から上へ）」「手前から
奥へ」「時計回り（反時計回り）」「全体から細部へ」「注目する点（核心）から周辺へ」な
どがあります。

起点と方向のイメージ

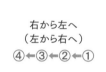

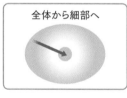
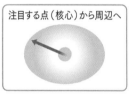

上記の中でも、「全体から細部へ」は主に「人や動物、モノ」などの「個体の描写」に用
いられる論理の流れです。描写の「起点と方向」を決めた後、位置に沿って「詳細な様子」
の情報を並べていきましょう。

描写パラグラフの「論理の流れ」のモデル

起点と方向

TS

①
②
③
④

この「論理の流れ」を基に、位置に沿って情報を上から順に並べていけばアウトライン
になります。簡単！

描写パラグラフの各文の主語選びは重要!

描写パラグラフの各文の主語は、「パラグラフのトピック」と「各文が何に注目しているか」を見極めて決める必要があります。

- 「特定の人・物」を描写するパラグラフ ➡ 主語は特定の「人・物」にまつわる何かになる
- 「場所・状況」を描写するパラグラフ ➡ その場所で、「誰が・何が、どうしているか」が注目されているので、各文の主語はそれぞれの「人・物」になる

見極めよう!

下の描写パラグラフをもとに、右の枠の中に行方不明のHollyの絵を描いてみましょう。ただし、トピックセンテンスA)と一致していない文がB)～G)の中に1つあります。

トピック	= Holly Johnson
フォーカス	= 迷子の6歳の女の子
サポート	= Holly Johnson の見た目

A Missing Girl

A) **TS** Holly Johnson, a 6-year-old child, has gone missing.
B) She is 3 feet 9 inches tall.
C) She has short blond hair and brown eyes.
D) She is wearing blue pants and an orange T-shirt with long sleeves.
E) She has on brown shoes but no hat or jewelry.
F) She is good at mathematics and science.
G) Her backpack has the Treeline Elementary School logo on it.

一致していない文（　　）

🛈 解答・解説

F

F) の「算数と理科が得意である」は、「見えること」ではないの
でトピックセンテンスと一致しない。

サポートの文に沿って描いてみると、背格好➡髪と瞳➡着衣➡持ち物、と全体から細部に向かっ
て表現されているのがわかる。

訳：行方不明の女の子 A) 6歳の女の子、ホーリー・ジョンソンが行方不明になった B) 身長は3フィート9インチ
C) 髪はブロンドのショートで茶色の瞳 D) 青いズボンとオレンジ色の長袖Tシャツを着ている E) 茶色いくつ
をはいているが、帽子やアクセサリーは身に着けていない F) 彼女は算数と理科が得意だ G) ツリーライン小学
校のロゴが入ったリュックを背負っている

考えよう

次のイラストは、大学寮の部屋を上から見た図です。
次ページのAとBに指示された「起点と方向」にしたがって、部屋にある「物」を並べ、部屋の様子を描写するパラグラフのアウトラインを作りましょう。

キー表現：the entrance / a large window / a twin-size bed / a wide-screen TV, a shelf and a cabinet / a deep walk-in closet

| **トピック** | = 大学寮の部屋 |

| **フォーカス** | = シンプルな家具付き |

| **サポート** | = 家具と位置の説明 |

 「位置」に沿って番号を振ると、迷いません！

A. 入口から時計回りに

Simple Rooms in College House

[TS]

Students can rent simply furnished rooms in College House.

起点と方向

① _____
② _____
③ _____
④ _____

B. 入口から反時計回りに

Simple Rooms in College House

[TS]

Students can rent simply furnished rooms in College House.

起点と方向

① _____
② _____
③ _____
④ _____

● 解 答 例 ●

A.

① a large window（大きい窓）
② a twin-size bed（ツインサイズのベッド）
③ a deep walk-in closet（奥行きのあるウォークインクローゼット）
④ a wide-screen TV, a shelf and a cabinet（ワイドスクリーンTVと棚とキャビネット）

B.

① a wide-screen TV, a shelf and a cabinet
② a deep walk-in closet
③ a twin-size bed
④ a large window

アウトラインから描写パラグラフを作る

作ったアウトラインをもとにパラグラフを書くと、次のようになります。

A.

Simple Rooms in College House

TS Students can rent simply furnished rooms in College House. ①Each room has a large window to the left of the entrance. ②A twin-size bed is placed by the window. ③There is a deep walk-in closet with a lot of space across from the entrance door. ④A wide screen TV, a shelf and a cabinet are set into the wall to the right of the closet door.

B.

Simple Rooms in College House

TS Students can rent simply furnished rooms in College House. ①A wide-screen TV, a shelf and a cabinet are opposite the entrance. ②There is a deep walk-in closet with a lot of space in an area behind the TV. ③A twin-size bed is placed to the left of the entrance door. ④There is a large window above the bed.

それぞれ、方向に沿って描写していけばよい。窓とベッドでは、左右ではなく上下の関係を含んでいることに注意。ここではbe placed by〜（〜のそばに置かれた）やabove（〜の上に）といった表現を用いている。「〜がある」の表現をThere is〜一辺倒ではなく、他の表現も交互に織り交ぜながら文がなるべく単調にならないようにする。

Aの訳：**大学寮のシンプルな部屋** **TS** 学生は大学寮でシンプルな家具付き部屋を借りられます。①各部屋の入口の左手は大きな窓です。②窓際にはツインサイズのベッドがあります。③入口ドアの向かいには収納スペースたっぷりの奥行きのあるウォークインクローゼットがあります。④ワイドスクリーンTVと棚とキャビネットがクローゼットのドアの右側の壁に置かれています。

Bの訳：**大学寮のシンプルな部屋** **TS** 学生は大学寮でシンプルな家具付き部屋を借りられます。①ワイドスクリーンTVと棚とキャビネットが入口の向かいにあります。②TVの後ろには収納スペースたっぷりの奥行きのあるウォークインクローゼットがあります。③入口のドアの左手にはツインベッドが置かれています。④ベッドの上部には大きい窓があります。

描写パラグラフのサポートでは、**様子**や**外見**をあらわす以下の4種類の表現がよく使われます。その使い方のコツを学びましょう。

描写パラグラフの「サポートによく使われる表現」

位置をあらわす前置詞　　進行形　　形容詞　　受動態

● 位置をあらわす前置詞

位置をあらわす前置詞はたくさんあります。
in（〜の中に）、on（〜の上に・に面して）、by（〜のそばに）、next to（〜のとなりに）、near（〜の近くに）、to the right/left of（〜の右／左側に）、behind（〜の後ろに）、in front of（〜の前に）、under（〜の下に）、above（〜の［離れた］上に）、など。
前置詞の後ろに名詞が続いて前置詞句【前置詞＋名詞】となり、さまざまな位置をあらわす表現になります。

● The Browns' house had a front door【**between** two large windows】.
　　　　　　　　　　　　　　　　　　　　前置詞　　　　　　　名詞
（ブラウン家の玄関のドアは2つの大きな窓に挟まれていました）

> **ポイントアドバイス** 前置詞句は文頭にくることもあります。

● 【**Behind** the door,】three desks are lined up side by side.
　前置詞　　名詞
（ドアの後ろに、机が3つ並んでいる）

> **ポイントアドバイス** 1つの文に前置詞句が2つ以上ある場合もあります。

● The restroom is【**to the right of** the elevator】【**on** the first floor】.
　　　　　　　　　　前置詞　　　　　　　名詞　　　前置詞　　名詞
（トイレは1階のエレベーターの右側にあります）

> **ポイントアドバイス** 位置をあらわす前置詞句は、「There is/are + 不特定名詞（〜が…にあります・存在します）」の文にもよく使われます。

● There is a printer【**on** the table】【**by** the window】.
（窓際のテーブルにプリンターが載っています）

● There are two green pots【**to the right** of the door】.
（ドアの右側に鉢植えが2つ置いてあります）

● 進行形

be+ 現在分詞 (V-ing) は、「今」もしくは「あの時」に「進行中の動作」を描写します。

● The company president **is using** slides during his speech (right now).
　　　　　　　　　　be + 現在分詞(〜している)　　(社長は今、スピーチしながらスライドを使っている)

● Many people **were waiting** at the red light (then).
　　　　　　　　be + 現在分詞(〜している)　　　　　(その時、たくさんの人が赤信号で待っていた)

ポイントアドバイス 「状態をあらわす動詞」は進行形にできません。

「状態をあらわす動詞」の例：look（〜に見える）、seem（〜に見える）、know（〜を知っている）、understand（〜を理解している）、want（〜を欲する）、need（〜を必要とする）、have（所有している）、see（見える）、hear（聞こえる）

● The audience **looked** disappointed. Some of them **were crying**.
　　　　　　　　状態動詞　　　　　　　　　　　　　　動作動詞
　　　　　　　　　　　　　　　　　（観客はがっかりしたようだった。泣いている者もいた）

● 形容詞

「特性」「性質」を説明する形容詞は、「様子」を描写するのにとても効果的です。

- 量・数 …………………… three, many/much など
- 大きさ ………………… large, small など
- 形 ……………………… round, square（正方形［の］）など
- 古さ・年齢 …………… new, old, young, elderly, 5-year-old など
- 状態・印象 …………… angry, crowded など
- 色 ……………………… silver, colorful など
- 素材 …………………… metal, wooden など

❗ 確認問題

次の形容詞をカテゴリーに分けて、下のカッコ内に出てくる順に書きましょう。

> sharp, massive, cotton, white, a little, various, scared, fresh,
> ancient, tiny, triangle, shiny, crystal, passion pink

- 量・数 ……… ① (　　　) ② (　　　) 　 状態・印象 … ⑨ (　　　) ⑩ (　　　)
- 大きさ ……… ③ (　　　) ④ (　　　) 　 色 …………… ⑪ (　　　) ⑫ (　　　)
- 形 …………… ⑤ (　　　) ⑥ (　　　) 　 素材 ………… ⑬ (　　　) ⑭ (　　　)
- 新旧・年齢 … ⑦ (　　　) ⑧ (　　　)

受動態

受動態は、物の位置を説明する際によく使われます。

● A bag full of money **was discovered** on the back seat of the taxi.
  主語　　　　　　　be + 過去分詞（〜られる）

（お金が詰まった鞄がタクシーの後部座席で発見された）

 locate、position、place、install など「（人が）物を置く、設置する」の意の動詞は、受動態の形で位置をあらわすことが多い。

● A fire exit **is located** next to the stairs.
  主語　　（設置される）

（非常口は階段の隣にあります）

確認問題

次の語句を主語にして、位置を説明する文を作りましょう。カッコ内の指示に従ってください。

1. the main post office（動詞 locate を使って；位置は「2番通りとベイ通りの角に」）

_____.

2. the cable TV control box（動詞 place を使って；位置は「TV の下に」）

_____.

 **解答**

● 形容詞
① (a little) ② (various) ③ (massive) ④ (tiny) ⑤ (sharp)
⑥ (triangle) ⑦ (fresh) ⑧ (ancient) ⑨ (scared) ⑩ (shiny)
⑪ (white) ⑫ (passion pink) ⑬ (cotton) ⑭ (crystal)　**語注** massive：巨大な

● 受動態
1. The main post office is located on the corner of Second and Bay streets.
   （中央郵便局の所在地は2番通りとベイ通りの角だ）
2. The cable TV control box is placed under the TV itself.
   （ケーブルTVの制御ボックスはTVの下にある）

書いてみよう！

「描写パラグラフのサポートに役立つ表現」を使って、いろいろな種類の描写パラグラフの文を書いてみましょう。

【 モデルキッチン 】

次のイラストは、モデルキッチンを描いています。基本の設備が揃っています。

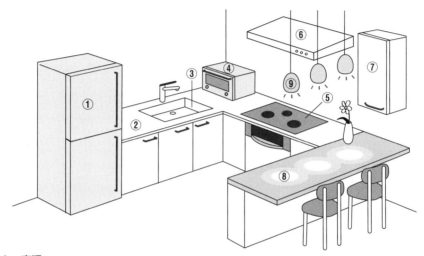

キー表現：
① a refrigerator ② a counter ③ a sink ④ a microwave ⑤ three gas burners and a grill
⑥ a range hood ⑦ a cupboard ⑧ a wide wooden counter ⑨ lights

Exercise 1

次のカッコ内の指示に従い、「描写パラグラフのサポートに役立つ表現」を使ってモデルキッチンのアイテムの位置を説明しましょう。

1. ①（install を使って）

_____.

2. ④（There is/are を使って）

_____.

3. ⑥⑦（a cupboard を主語にして）

_____.

4. ⑨（hang を使って）

_____.

 **Exercise 2**

モデルキッチンを「時計回り」の方向に描写しましょう。

下の①〜⑧について、次の中から選んだ表現を使って空欄を文で埋め、パラグラフを完成させましょう。

in front of, in the left, hand, side, back, locate, place, under, on the wall, wide

トピック ＝ コンパクトなキッチン

フォーカス ＝ 基本の設備が備わっている

A Compact Kitchen

TS This compact kitchen has some basic equipment.

1. ① There _____.

   ②③ To the right, there is a counter with a sink in the middle.

2. ④ A microwave _____.

3. ⑤⑥ _____.

4. ⑦ Next to the range hood, _____.

5. ⑧ _____.

6. ⑨ Three lights are hanging from the ceiling.

ポイント
アドバイス 受動態をうまく使いましょう。

52

Exercise 1

1. A refrigerator is installed in the left-hand side. （冷蔵庫が左手に置かれている）
2. There is a microwave in the back-left corner. （後ろの左隅に電気オーブンがある）
3. A cupboard is next to the range hood. （棚がレンジフードの並びにある）
4. Three lights are hanging from the ceiling. （ライトが3つ天井からぶら下がっている）

Exercise 2

コンパクトなキッチン

TS このコンパクトなキッチンには基本的な設備が備わっています。

1. ① (There) is a refrigerator in the left-hand side. ②③ (To the right, there is a counter with a sink in the middle.)
（左手に冷蔵庫があります。その右側に流し台が置かれシンクは真ん中にあります）

2. ④ (A microwave) is placed in the back-left corner.
（電気オーブンが後ろの左隅に置かれています）

3. ⑤⑥ There are three gas burners and a grill under the range hood. / Three gas burners and a grill are under the range hood.
（レンジフードの下に3口コンロとグリルがあります）

4. ⑦ (Next to the range hood,) a cupboard is on the wall.
（レンジフードの隣の壁に棚があります）

5. ⑧ A wide wooden counter is located in front of the cupboard.
（棚の前に広い木のカウンターが取り付けられています）

6. ⑨ (Three lights are hanging from the ceiling.)
（天井からはライトが3つ下がっています）

● 解説 ● **Exercise 1** 1. 今見ているものの描写は現在形。is installed のように受動態での表現になる。「左手に」は in the left-hand side。2.「後ろの左隅に」は in the back-left corner。3. next to the range hood は to the right of the range hood ともいえる。4. hang from（〜からぶら下がる）も描写でよく使われる表現。
Exercise 2「〜がある」という表現が繰り返し出てくるが、There is/are 〜 と 〜 is/are の2通りのスタイルを織り交ぜることで文章が単調にならない。4 の Next to the range hood, のように、文頭に副詞を持ってくることでメリハリが出てくる。カウンターとライト、2つの要素のうちメインはカウンターと思われるので、こちらを先にする。

There is / are をやたらと使わない！

学習者は「〜がある／いる」をあらわす場合にすぐThere is/are ...（〜が存在している）と書きがちですが、この表現を使い過ぎないように注意しましょう。

「場所・状況」を描写するパラグラフでは、「人や物が、何をしているのか、どこにあるのか」が注目されています。人や物の位置や様子に主眼が置かれている場合は、There is/areの文より、「人・物」を主語に置いた方が簡潔で端的な表現になります。

●庭で子供たちが遊んでいる

There are some children playing in the garden.

⬇

Some children are playing in the garden.

●たくさんの自転車が階段の隣に置いてある

There are many bicycles lined next to the stairs.

⬇

Many bicycles are lined next to the stairs.

Ms. Tsushima のライティング徒然（1）

英和辞書はあなたの右腕！

英和辞書をライティングのために活用していますか？
「なんとなくこんな気がする ……」「おそらくこうだな？」と曖昧なまま文を書いていると、ほとんどの場合、間違いにつながってしまいます。英和辞書を使って以下のような点を確認しましょう!!（カッコの中は私の心の声）

❶ 可算名詞か不可算名詞チェックしていますか？

✕ He has a long hair.（長い髪が1本のみ？　波平さん？）

✕ He has long hairs.（きゃ～、雪男みたいに毛むくじゃら！）

❷ フレーズを曖昧に覚えていませんか？

✕ On the other hands, / On another hand,

　　（手が何本あるの～！ 千手観音かっ！）

❸ 動詞の意味や、自動詞か他動詞かをチェックしていますか？

✕ I hurt.（自分が痛いの？　それとも誰かを傷つけた？）

他にも、「品詞は何か？」（動詞と名詞を間違えるケースが多いのです）など、英和辞書でちょっと確認するだけで、間違いを劇的に減らせるケースが多々あります。

英和辞書は英文ライティングに必要な情報の宝庫です。
英和辞書はあなたを助けてくれます！

【正しい英語の例】

❶ He has long hair.　❷ On the other hand,

❸ My head hurts.（自動詞「痛い」の例。痛い部位が主語になる）

　　I hurt my friend's feeling.（他動詞「～を傷つける」の例）

実践力をつけよう
Practical Stage

5種類のトピックについて、
キーワードやヒントを手掛かりにステップを踏みながら
自分でパラグラフを書いてみましょう。
課題が進むにつれて、手掛かりはだんだん少なくなっていきます。

ヒントは
だんだん少なく
なります

ライティング実践問題 ①

○ 映画の授賞式での女優の様子

次のイラストは、23歳の女優 アニー・プレストン (Annie Preston) の授賞式 (Tokyo Awards) での様子をあらわしています。彼女が優美に振る舞っている様子を描写パラグラフで説明してみましょう。

キー表現

A) walking beautifully

B) a big smile

C) waving her left hand

D) straight, black, tied up with ribbons

E) diamond earrings, a necklace, swinging off her

F) a red sleeveless dress, the curved cut, show off her right leg

G) her sandwich-sized gold handbag, in her right hand

H) 9-centimeter gold heels, shining, in the light

語注 swing: ゆらゆらぶら下がる　show off: 〜を見せつける

◯ Step 1 トピックセンテンスを考えよう！

トピックセンテンスを、表現を変えて2つ書いてみましょう。

| トピック | ＝ 23歳の女優アニー・プレストン |

＋

| フォーカス | ＝ 東京アワード、優美に見えた・振る舞った |

TS ＿＿＿＿＿＿＿＿＿＿＿＿＿＿＿＿＿＿＿＿＿＿＿ at the Tokyo Awards.

TS ＿＿＿＿＿＿＿＿＿＿＿＿＿＿＿＿＿＿＿＿＿＿＿ at the Tokyo Awards.

◯ Step 2 サポートを考えよう！

イラストを参考に、アニー・プレストンを描写しましょう。A) −H) が描写する順番に
したがって①〜⑧を書き、キー表現のみでサポート用のアウトラインを作りましょう。

Annie Preston at the Tokyo Awards

TS ＿＿＿＿＿＿＿＿＿＿＿＿＿＿＿＿＿＿＿＿＿＿＿＿＿ .

起点と方向

①
②
③
④
⑤
⑥
⑦
⑧

ポイント
アドバイス
　視点は「全体から詳細へ」「上から下へ」向かって！

○ Step 3) パラグラフを書いてみよう！

アウトラインを参考にしながら空欄を埋め、パラグラフを完成させましょう。さまざまな描写に役立つ表現を使ってみましょう。

Annie Preston at the Tokyo Awards

TS _____ at the Tokyo Awards.

① On the red carpet, _____ .

② _____ .

③ _____ .

④ _____ .

⑤ _____ .

⑥ She _____ , and the curved cut showed off her right leg.

⑦ _____ in her right hand and ⑧ _____ _____ were shining in the light.

考えどころ ●主語は何？ ●時制はどうする？

○ 解答例 ○

○ Step 1) トピックセンテンスを考えよう！

- Annie Preston, a 23-year-old actress, looked elegant at the Tokyo Awards.
  （23歳の女優アニー・プレストンは東京アワードで優美なさまを見せた）

- A 23-year-old actress, Annie Preston, impressed fans with her elegant appearance at the Tokyo Awards.
  （23歳の女優アニー・プレストンは東京アワードでその優美なさまでファンを魅了した）

Step 2 サポートを考えよう！

56ページのA) −H) を順に並べればよい。

Step 3 パラグラフを書いてみよう！

Annie Preston at the Tokyo Awards

TS A 23-year-old actress, Annie Preston, impressed fans with her elegant appearance at the Tokyo Awards. ①On the red carpet, she was walking beautifully. ②She had a big smile on her face. ③She was waving her left hand. ④Her straight black hair was tied up with ribbons. ⑤Her diamond earrings and a necklace were swinging off her. ⑥She was wearing a red sleeveless dress, and the curved cut showed off her right leg. ⑦Her sandwich-sized gold handbag in her right hand and ⑧9-centimeter gold heels were shining in the light.

訳：**東京アワードのアニー・プレストン** **TS** 23歳の女優アニー・プレストンは東京アワードでそのエレガントな姿でファンを魅了した。①レッドカーペットで彼女は優美に歩いていた。②顔には満面の笑みを浮かべていた。③左手を振っていた。④ストレートの黒髪はリボンで結ばれていた。⑤ダイアモンドのイアリングとネックレスを下げていた。⑥赤い袖なしのドレスを身にまとい、湾曲した切り込みから右脚をのぞかせていた。⑦右手に持ったサンドイッチほどの大きさのゴールドのバッグと⑧9センチのゴールドのヒールが照明で輝いていた。

解説 **Step1** リードから、トピックは「23歳の女優アニー・プレストン」だとわかる。同じくリードやイラスト、A) B) などの表現から、トピックについて書き手が強調すべき点をまとめたフォーカスは「東京アワードで優美なさまを見せた」あるいは「東京アワードでその優美さでファンを魅了した」などと定める。

Step2 まず全体から詳細へ。A) の walking beautifully（美しく歩く）は、女優の全体的な姿をあらわしている。そして B) C) で顔の表情と動作をあらわし、D) 以降は上から下＝頭から脚にかけて描写している。顔、振っている手、髪の毛などを経て最後は足元の描写。ゴールドつながりで靴とともにバッグも描写している。

Step3 過去の出来事の描写なので、時制は過去形。そして女優の動作（walking、waving）やアクセサリーが揺れたり（swinging）靴や鞄が輝いていたり（shining）する様子を描く場合は進行形を用いる。まとめてある髪の状態は受動態を使ってあらわす。

第2章 ● 描写パラグラフ ● 実践編

○ 違法駐輪の自転車の特徴

下のイラストは、違法駐輪の自転車 No. 37 の特徴をあらわしています。描写パラグラフで説明してみましょう。

B) the hand-grips, black

C) a big purple toy trumpet, on the left handlebar

キー表現

A) an orange plastic basket

D) passion-pink, hearts, the black seat

E) the frame, step-through, green

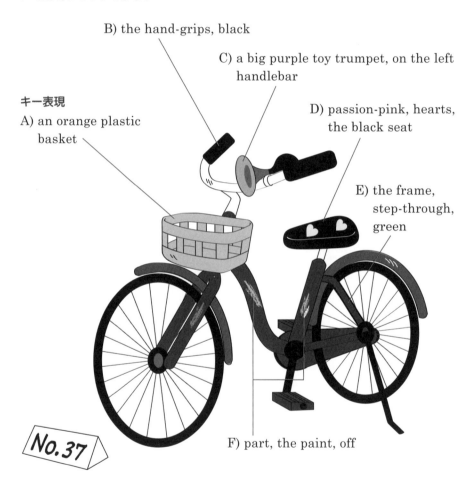

F) part, the paint, off

No. 37

語注　step-through:（自転車で）またがなくてよいタイプの

Step 1　トピックセンテスを考えよう！

トピックセンテンスを、表現を変えて2つ書いてみましょう。

トピック ＝ 違法駐輪の自転車 No. 37
＋
フォーカス ＝ 古い、色とりどり

TS ＿＿＿＿＿＿＿＿＿＿＿＿＿＿＿＿＿＿＿＿＿＿＿＿＿＿

TS ＿＿＿＿＿＿＿＿＿＿＿＿＿＿＿＿＿＿＿＿＿＿＿＿＿＿

Step 2　サポートを考えよう！

イラストを参考に、自転車を描写しましょう。A) – F) が描写する順番にしたがって①〜⑥を書きます。動詞を加えるなど、キー表現を利用してサポート用のアウトラインを作りましょう。

Left Bicycle No.37

起点と方向

TS ＿＿＿＿＿＿＿＿＿＿＿＿＿＿＿＿＿＿＿＿＿＿＿＿＿.
①
②
③
④
⑤
⑥

視点は「前から後ろへ」向かって！
形容詞を使うと、生き生きとした描写になります！

第2章 ● 描写パラグラフ ● 実践編

解答例は
見ないでね！

Step2のアウトラインをもとに、描写に役立つ表現を使ってパラグラフを書いてみましょう。

Left Bicycle No.37

TS _____ .

考えどころ ● 主語は何？ ● 時制はどうする？

解答例・解説

Step 1 トピックセンテンスを考えよう！

• The illegally parked bicycle No. 37 is old and colorful.
• The illegally parked bicycle No. 37 is old and has a lot of colors.

（違法駐輪の自転車37番は古くて色とりどりだ）

Step 2 サポートを考えよう！

① has an orange plastic basket

② the hand-grips, black

③ a big purple toy trumpet, placed on the left handlebar

④ passion-pink, hearts, painted, the black seat

⑤ the frame, step-through, green

⑥ part, the paint has come off

Step 3 パラグラフを書いてみよう！

Left Bicycle No.37

TS The illegally parked bicycle No.37 is old and colorful. ①It has an orange plastic basket. ②The hand-grips are black. ③A big purple toy trumpet is placed on the left handlebar. ④ Passion-pink hearts have been painted on the top of the black seat. ⑤The step-through frame is green, ⑥but part of the paint has come off.

語注 come off:（塗料などが）剝げる

訳：放置自転車 **TS** 違法駐輪の自転車No.37は、古くて色とりどりだ。①オレンジ色のプラスティックの籠が付いている。②ハンドグリップは黒色だ。③左ハンドルに紫色の大きなおもちゃのトランペットが取り付けられている。④黒いサドルの表面にはパッションピンクのハートがいくつも描かれている。⑤ステップスルー型のフレームは緑色だが、ところどころ塗料が剝げている。

解説 **Step1** リードからトピックは、「違法駐輪の自転車No.37」、フォーカスについてはイラストとキー表現のさまざまな色、the paint、off（ペイント、offの状態）などをまとめて「古い、派手だ」と全体的な様子をまとめる。

Step2 イラスト上のキー表現A) 〜 F)は自転車を「前から後ろ」の方向で、さまざまな部品を描写する表現である。orange、black、purple、passion-pink、greenといった色、素材をあらわすplastic、位置をあらわすon the left 〜、形をあらわすstep-throughといった語句が使われている。動詞は、have、be placed（付いている）、be painted（塗られている）、come off（［塗料が］剝げている）などが使われる。

Step3 サポート部分について、最初の文はIt has 〜と、着目点が自転車から部分のan orange basketに移動していき、あとは後ろに向かって各部品を主語として説明するとよい。自転車の現在の様子をあらわしているので、時制は基本的に現在形だが、④の「塗られた」は現在完了形。

ライティング実践問題 ③

○ 従業員向けのデスクまわりの説明

下のイラストは、オフィス内にある従業員のデスクまわりの様子をあらわしています。
描写パラグラフで説明しましょう。

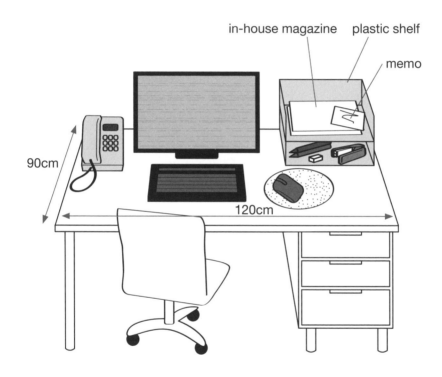

語注 in-house magazine: 社内報

 職場などで目の不自由な人に物の位置関係を知ってもらう際など
にも、描写パラグラフがよく使われます。

○ Step 1　トピックセンテンスを考えよう！

トピックセンテンスを、表現を変えて2つ書いてみましょう。

| トピック | ＝ 個人用業務スペース |

＋

| フォーカス | ＝ シンプルなものが支給されている |

TS _____

TS _____

○ Step 2　サポートを考えよう！

イラストに描かれたデスクまわりを描写しましょう。キーワードのみを書いてサポート用のアウトラインを作りましょう。

A Personal Workstation Space

TS _____ .

起点と方向

① _____
② _____
③ _____
④ _____
⑤ _____
⑥ _____
⑦ _____
⑧ _____

語注　workstation 業務スペース

ポイントアドバイス　まず机全体のサイズをあらわし、次に左奥の固定電話を起点に右方向、さらに下方向へデスクの様子を描写しましょう！

解答例は
見ないでね！

Step 2のアウトラインをもとに、さまざまな描写に役立つ表現を使ってパラグラフを書いてみましょう。

A Personal Workstation Space

TS _____.

考えどころ　● 主語は何？　● 時制はどうする？

● 解答例・解説 ●

○ Step 1　トピックセンテンスを考えよう！

- A simple personal workstation is provided to each employee.
  （シンプルな個人用業務スペースが各従業員に支給されている）

- This simple personal workstation is provided to you.
  （シンプルな個人用業務スペースがあなたに支給されている）

Step 2 サポートを考えよう！

① 120 centimeters wide, 90 centimeters deep, desk
② a fixed phone, in the far left corner
③ a computer and keyboard, in the center
④ a mouse, the right of them
⑤ two plastic shelves, the right.
⑥ pens, a stapler, the bottom shelf
⑦ an in-house magazine or memos, on the top shelf.
⑧ right of the chair, two small drawers, one deep drawer

Step 3 パラグラフを書いてみよう！

A Personal Workstation Space

TS A simple personal workstation space is provided to each employee. ① The desk is 120 centimeters wide and 90 centimeters deep. ② A fixed phone is placed in the far left corner. ③ A computer and keyboard are in the center of the desk, ④ and a mouse is to the right of them. ⑤ Two plastic shelves are set on the right. ⑥ Some office goods, such as pens and a stapler, are placed on the bottom shelf. ⑦ An in-house magazine or memos are usually on the top shelf. ⑧ To the right of the chair, there are two small drawers, with one deep drawer under them.

訳：個人用業務スペース **TS** シンプルな個人用業務スペースが各従業員に支給されています。①デスクは幅120センチ、奥行き90センチです。②固定電話がデスクの左奥の隅に取り付けられています。③コンピューターとキーボードがデスクの真ん中に、④マウスがその右側にあります。⑤プラスティック製の棚が2つデスクの右側に置かれています。⑥ペンやホッチキスが下の棚に収まっています。⑦社内報やメモは通常、上の棚に入れてあります。⑧椅子の右手には小さな引き出しが2つ、その下に大きな引き出しが1つあります。

解説 **Step 1** リードとイラストからトピックは「個人用業務スペース」、フォーカスは「シンプルなものが支給されている」などが考えられる。

Step 2 まず全体からなので、業務スペースのメインとなる机から始める。その後、指示にあるように起点と方向を、左から右方向へ、さらに下の引き出しへと続ける。in the far left corner、in the center、to the right of them など場所をあらわす表現を使おう。

Step 3 現在の様子をあらわしているので、時制は現在形。文にする場合、主語は、机に置かれている各パーツ、「もの」となる。「be動詞＋位置をあらわす前置詞句」、受動態などを適宜織り交ぜて文にメリハリをつけよう。

○ 運送会社のインド支社のストライキの様子

次のイラストは、運送会社セブンシーズ (Seven Seas) のインド支社でいま起こって
いるストライキの様子をあらわしています。現場レポートを描写パラグラフで書いて
みましょう。

キー表現（出てくる順）

branch, a shipping company, heating up, lining up, in rows,
facing, shouting, the front row, raising protest signs, playing
drums, managers, the second floor, the police, strikers, near the
front line, to make certain that no laws are broken

語注 branch: 支社　shipping company: 運送会社　line up: 隊を組む　in rows: 複数の横隊で
protest sign: 抗議のプラカード

○ Step 1 トピックセンテンスを考えよう！

トピックセンテンスを、表現を変えて2つ書いてみましょう。

トピック ＝ ストライキ
＋
フォーカス ＝ 激しくなっている

TS ＿＿＿＿＿＿＿＿＿＿＿＿＿＿＿＿＿＿＿＿＿＿＿＿＿＿＿＿＿

TS ＿＿＿＿＿＿＿＿＿＿＿＿＿＿＿＿＿＿＿＿＿＿＿＿＿＿＿＿＿

○ Step 2 & 3 サポートを考え、パラグラフを書いてみよう！

イラストとキー表現を参考に、サポート用のアウトラインを作り、それをもとに、パラグラフを書いてみましょう。

Strike at a Shipping Company

TS ＿＿＿＿＿＿＿＿＿＿＿＿＿＿＿＿＿＿＿＿＿＿＿＿＿＿ .

起点と方向

 視点は「ストライキの中心」から「周辺」へ

ポイント
アドバイス

解答例・解説

Step 1　トピックセンテンスを考えよう！

- A strike by the workers of the Indian branch of a shipping company, Seven Seas, is heating up now.

（運送会社セブンシーズのインド支社の労働者ストライキは今、激しさを増している）

- Workers of an Indian shipping company, Seven Seas, are becoming more excited in the strike.

（インドの運送会社セブンシーズの労働者はストライキでますますいきり立っている）

Step 2 & 3　サポートを考え、パラグラフを書いてみよう！

Strike at a Shipping Company

TS A strike by the workers of the Indian branch of a shipping company, Seven Seas, is heating up now. ①Workers are lining up in rows facing the company's building. ②The strike leader is shouting in the middle of the front row. ③Other workers are also shouting and raising protest signs, or playing drums. ④The company's managers are looking out at them through the windows on the second floor. ⑤The police are watching the strikers near the front line to make certain that no laws are broken.

訳：運送会社のストライキ **TS** 運送会社セブンシーズのインド支社の労働者ストライキは今、激しさを増している。①労働者たちは会社のビルに対面し、列をなして隊を組んでいる。②ストライキのリーダーは最前列の真ん中で声高に叫んでいる。③他の労働者も叫んだり、抗議プラカードを掲げたり、太鼓を鳴らしたりしている。④会社の上層部は2階の窓からその様子をのぞいている。⑤警官隊は最前線近辺でストライキ参加者に目を配り、違法行為がないように監視している。

解説　**Step 1**　トピックはリードやイラストから「ストライキ」、フォーカスはイラストやキー表現の heating up などから「激しくなっている」とするとよいだろう。

Step 2 & 3　ある程度広い場所で、多くの関係者がそれぞれの行動をとっている事件の現場。こういう出来事、イベントに関しては、物理的な位置関係よりも、出来事の中心にいる人・物から周辺へと順番に視点を向けていき、「何をしているか」を描写していく。主語は、現場にいる関係者たち。「今起こっていること」なので、現在形もしくは現在進行形を使う。描写の順番としては、読み手がストライキの様子をイメージしやすくなるように留意し、まず①のようにストライキの中心となる労働者たちを俯瞰して描く。line up（隊を組む）、in rows（複数の横隊で）は描写によく使われる表現。それからストライキのリーダー、他の労働者、彼らと対立関係にある会社の経営陣、そして外部から鎮圧しようとする警官隊、のように事件の中心からその周辺に向かって

描写していく。in the middle of、through the windows、on the second floor、near the front line のように、位置をあらわす前置詞句を効果的に使おう。

Ms. Tsushima のライティング徒然（2）

実録 クスっと笑われている（?）間違い

英文ライティングできっと何か恥ずかしい間違いをしているだろうな、でもどれだろう？――なんて思っている方も多いのでは？
私が今までにライティングの教室で出会って、クスっと笑ってしまった間違い英語をいくつか紹介します。

❶「～してもらう」
× I pulled out my four wisdom teeth yesterday.
（え～自分で抜いたの?! 痛い～!!）
これは実際には歯医者さんに抜いてもらっているのに「親知らずを抜いた」とふつうに日本語で言ってしまうところからくる間違い。「～してもらう」の表現は難しいですよね。それにしても、これは衝撃的でした。

❷ 比喩的な表現
× My mother has a big head.（頭が大きいお母さん？）
「頭でっかち＝知識ばかりまさっている」をそのまま英語に直したようです。さすがに笑ってしまいました。

❸ 和単語をそのまま英単語に変換する
× traffic expense（ってなに？）
意味が分からず、書いた本人に確認したところ、「交通費」と言いたかったと判明しました。「交通（量）」と「費用」をそのまま英語にしたようです。

【正しい英語】
❶ I had my four wisdom teeth pulled out.（親知らずを4本抜いてもらった）
❷ My mother is quite the theoretician.（母は理論に頼りきる人だ）
❸ transportation/travel expenses

○ トラックの荷崩れ事故現場

次のイラストは、国道18号線で積載オーバーのトラックから数千個のリンゴが荷崩れした事故直後の現場の様子をあらわしています。事故現場の状況を後で思い起こす形で描写してみましょう。

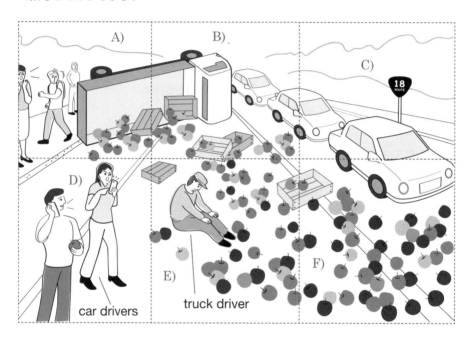

キー表現（アルファベット順）

causing a traffic jam, for help, in shock, in surprise, lane, many cars, not injured, on its right side, overloaded, people walking by, phone calls, rolling around, the shoulder

語注　lane: 車線　overload: 〜を積み込み過ぎる

○ Step 1   トピックセンテンスを考えよう！

「フォーカス」を考え、トピックセンテンスを表現を変えて2つ書いてみましょう。

> **トピック** = トラックから落ちた数千個のリンゴ
> ＋
> **フォーカス** = ＿＿＿＿＿＿＿＿＿＿＿

TS ＿＿＿＿＿＿＿＿＿＿＿＿＿＿＿＿＿＿＿＿＿＿＿＿＿＿＿＿＿＿

TS ＿＿＿＿＿＿＿＿＿＿＿＿＿＿＿＿＿＿＿＿＿＿＿＿＿＿＿＿＿＿

○ Step 2 & 3   サポートを考え、パラグラフを書いてみよう！

イラストとキー表現を参考に、事故を描写する「起点と方向」を自分なりに決めてイラストのA)〜F)に番号①〜⑥を振り、キーワードを書き出しサポート用のアウトラインを作りましょう。そしてそれをもとに、パラグラフを書いてみましょう。

Apples on Route18

TS ＿＿＿＿＿＿＿＿＿＿＿＿＿＿＿＿＿＿＿＿＿＿＿＿＿＿＿＿＿＿ .

起点と方向

考えどころ ● 主語は何？　● 「事故現場」でまず注目するものは？

解答例・解説

フォーカス＝国道18号線をふさいだ

Step 1 トピックセンテンスを考えよう！

- A truck lost thousands of apples, completely blocking Route 18.
  （トラックからリンゴ数千個が落下し、18号線を完全にふさいだ）
- Thousands of apples from a truck scattered all over Route 18, blocking it completely.
  （トラックからリンゴ数千個が落下して18号線いっぱいに散らばり、道路は完全にふさがった）

Step 2 & 3 サポートを考え、パラグラフを書いてみよう！

自分なりに決めた「起点と方向」によって、サポートの①～⑥の順番が変わる。

Apples on Route 18

TS A truck lost thousands of apples, completely blocking Route 18.

①B) The overloaded truck fell over on its right side, landing on the shoulder.

②F) Most of the apples fell out of their boxes and rolled across the road into the other lane.

③C) Many cars had to stop, causing a traffic jam.

④E) The truck driver was not injured, but he ended up sitting on the ground in shock.

⑤D) Some car drivers were standing outside of their cars, making phone calls for help or taking pictures of the site.

⑥A) People walking by were looking at all the apples in surprise.

（学習効果のためにすべて改行しています）

訳：18号線のリンゴ **TS** トラックからリンゴ数千個がこぼれ落ち、18号線を完全にふさいだ。①積載オーバーのトラックは、右側から路肩に横転した。②リンゴのほとんどは箱から飛び出して道いっぱいに広がり、他車線にまで転がっていった。③多数の車両が足止めされ、渋滞となった。④トラックの運転手にけがはなかったが、ショックのあまり地べたに座り込んでいた。⑤車の運転手は、車両の外で立っていたり、救助を求めて電話したり、現場の写真を撮ったりしていた。⑥通行人たちは、リンゴを驚いて眺めていた。

語注 end up -ing: ～の状態で終わる site: 現場

○ 解説 ○ Step1 リードやイラストおよびキー表現から、トピックは「トラックから落ちた数千個のリンゴ」、フォーカスは「国道18号線をふさいだ」と定める。トピックセンテンスは、「トラックから落ちた数千個のリンゴが国道18号線いっぱいに広がってふさいだ」のようにリンゴを主語にしてもよいし、「トラックが数千個のリンゴを落として、18号線をふさいだ」のようにトラックを主語にしてもよい。要は、トピックとフォーカスのコンセプトがきちんと提示されていればよいのである。

○ Step2&3 事故が起こった後の現場のルポ。主語は、現場での事故に関連する人や物。事故直後のある時点での描写なので、過去形もしくは過去進行形を使う。事故現場の核心であるトラックやリンゴから周辺に向かって描写していくと、読み手が事故の様子をイメージしやすい。事故現場のルポとしては、目に見えるものを描写することで、事故の原因や経過、そして現状も同時に伝わるようにしたい。いろいろな書き方があるだろうが、ここではまず B) truck fell over → F) apples fell out of their boxes → rolled across ～ → C) cars had to stop ～ と「物」を主語に事故の一連の経過がわかるように書いた後に、事故の原因となった E) the truck driver の様子、巻き添えになった D) some car drivers の様子、A) people walking by の様子、と「人」を主語に状況を描く手法を採っている。on its right side、on the shoulder、out of their boxes、across the road、on the ground、outside of their cars など位置をあらわす前置詞句も多く使う。

好きなトピックで 自由に書いてみましょう!

● まだまだある、描写パラグラフのトピック

描写パラグラフのライティング術で書けるトピックはたくさんあります。自分が興味を持てる話題を場所や人、モノなどから考えて、書いてみましょう。

パラグラフ作成の流れ

① トピックとフォーカスを定める
↓
② 必要なキーワードを書き出してサポート用のアウトラインを作る
↓
③ パラグラフを書く

トピック例

〈場所・状況〉

1. 入社式の様子
2. コンサートの様子
3. 泊まった旅館の部屋の間取りや特徴
4. 事件・事故直後の現場検証レポート
5. 山頂からの眺望

〈人やモノ、生き物など〉

6. 開花直前の桜の標準木の様子
7. 中古商品のキズ・シミの状態の説明
8. 紛失物の特徴
9. 初めて会う人と待ち合わせる際の自分の外見の特徴
10. ペットの外見や特徴

第3章

時系列パラグラフ

過去、現在、未来について
「過程」「手順」など時の流れを
説明するパラグラフ。
順序立てて文を並べればいいので、
論理の組み立ては簡単ですが、それだけに
文章が単調にならないように、
英語表現を工夫しましょう。

(I) 時系列パラグラフとは？

わかりやすい
コンセプトです

● **時系列パラグラフで説明できること**

時系列パラグラフは、「過程」や「手順・工程」など「時間の流れ」に沿って論理的に説明するパラグラフです。出来事や手順や予定など、日常やビジネスで過去・現在・未来について順序立てて説明する際に使われる必須のパラグラフです。
トピックセンテンスで「時間の流れ」に沿っていることが説明され、**サポートで具体的な出来事や手順、予定**などが順番に示されます。

考えよう

次のトピックのうち、時系列パラグラフで説明できるものに○を付けましょう。

1. レシピ ………………………………… (　　)
2. 事故経緯の目撃証言 ………………… (　　)
3. 薬の効能書き ………………………… (　　)
4. マニュアル・操作手順 ……………… (　　)
5. 年表の説明 …………………………… (　　)
6. 新商品の紹介 ………………………… (　　)
7. 旅行・イベントの予定表 …………… (　　)
8. フローチャート ……………………… (　　)

解答・解説

1.○　2.○　3.×　4.○　5.○　6.×　7.○　8.○
1と4と8の手順、2と5の過去の出来事の説明、7の予定は、どれも「時間の流れ」に関係しているので、時系列パラグラフで説明できるトピック。このように、時系列パラグラフは生活の身近な場面で使われている。

● 時系列パラグラフのモデル

フローチャートを時系列パラグラフの英文で表現する例を、次の問題を解きながら見てみましょう。

考えよう

次のイラストによるフローチャートは、ミツバチが蜂蜜を作る流れ（手順）をあらわしています。フローチャートに沿って、下にある手順の要素 A）～ F）を正しい時系列に並べてみましょう。

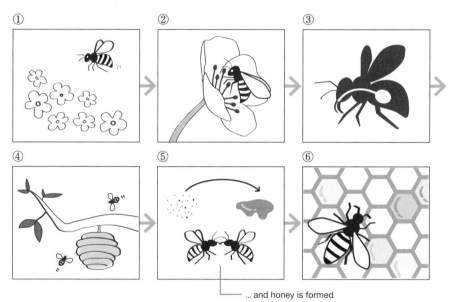

... and honey is formed

● 手順の要素

A) flying back to their nest with the sugar
B) visiting flowers
C) keeping the sugar in their stomachs
D) storing the honey and using it as food
E) passing the sugar to each other to remove the water from the sugar
F) collecting sugar from the flowers

① (　　) → ② (　　) → ③ (　　) → ④ (　　) → ⑤ (　　) → ⑥ (　　)

 **解答**

① (B) → ② (F) → ③ (C) → ④ (A) → ⑤ (E) → ⑥ (D)

訳：(B) 花を訪れる (F) 花から蜜を集める (C) 蜜をおなかに貯める (A) 蜜を巣に持ち帰る (E) 蜜から水分を除去するために蜜を渡しあう (D) 蜜を蓄えて食糧にする

「フローチャート」から「時系列パラグラフ」へ

では、フローチャート①〜⑥と「蜂蜜が作られる流れ」を説明している時系列パラグラフの構成を見比べてみましょう。

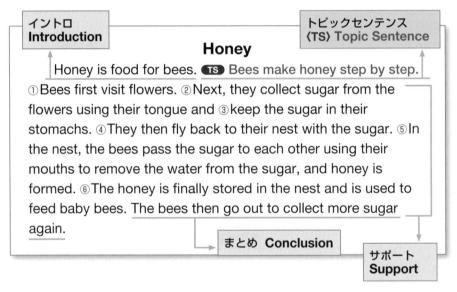

手順の要素の主語と時制を定めて文にすると、時系列パラグラフができあがります。時系列パラグラフでは主語と時制は同じ場合がほとんどです。ここでは蜂蜜を作る手順を示した①〜⑥については一貫してミツバチが主語となります。また、自然現象の説明なので時制は現在形。文の流れを作るためにいくつかの複数の要素を一文にまとめたりしています。タイトルを「蜂蜜」として、イントロと結論などを入れてまとめていますが、「蜂蜜の作り方」ならば、①〜⑥で完結します。

訳：蜂蜜 蜂蜜はミツバチの食べ物だ。**TS** ミツバチは、いくつかの手順を踏んで蜂蜜を作る。①ミツバチはまず花を訪れる。②次にミツバチは舌を使って花から蜜を集め、③その蜜をおなかに貯める。④それから、その蜜を巣へ持ち帰る。⑤巣では、ミツバチは口を使って蜜を渡し合い、蜜から水分が除去され、蜂蜜になる。⑥最終的に、蜂蜜は巣に蓄えられ、ミツバチの子供に与えられる。／そして、ミツバチは再び蜜を集めに行く。

○ 時系列パラグラフのトピックセンテンスとは？

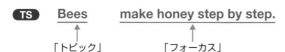

トピック ＝ ミツバチ

＋

フォーカス ＝ 段階を経て蜂蜜を作る

↓

トピックセンテンス **TS**

＝「ミツバチ」は「段階を経て蜂蜜を作る」

「フォーカス」が「時間の流れ」に沿っていることを総合的にあらわします。

TS <u>Bees</u> <u>make honey step by step.</u>
　　　　↑　　　　　　　↑
　　「トピック」　　「フォーカス」

○ 時系列パラグラフのサポートとは？

サポート

サポートの「論理の流れ」は「時間の流れ」に沿っていて、①〜⑥の手順が上から順に並んでいます。

時系列パラグラフでは、「時間の流れ」と「論理の流れ」が一致しているので、比較的簡単な構成といえます。

時系列パラグラフのポイント！

1.「フォーカス」が「時間の流れ」を表している

2.「サポート」は、「時間の流れ」に沿って情報を並べるだけ！

(II) トピックセンテンス(TS)を作ろう

一文だけど超重要!

● 時系列パラグラフのTSのフォーカスで使われる表現

このパラグラフのトピックセンテンスの「フォーカス」は、「時間の流れ」について表現することになります。次の「映画」がトピックの例を見てみましょう。

> **トピック** = 映画
>
> **フォーカス** = 綿密なプランに沿って作られる

「トピック」
↓

TS Making **a movie** requires careful planning.

「フォーカス」

（映画製作は綿密なプランが必要だ）

次の2つのトピックセンテンスは、同じ「トピック」と「フォーカス」をあらわしています。表現のバリエーションに注目してみましょう。

「トピック」
↓

The schedule for producing a movie is very tight.

「フォーカス」

（映画製作の日程はとても綿密である）

There are several steps to making a movie.

「フォーカス」　　　「トピック」

（映画製作にはさまざまな手順がある）

このように、時系列パラグラフの「フォーカス」には、「時間の流れ」や「過程」「手順」をあらわす表現がよく使われます。

時系列パラグラフの「フォーカスによく使われる表現」
⇒手順、計画、進展などに関する語句

process / procedures / steps（工程、手順）　schedule（予定）
plan（計画［する］）　directions（指示）　begin from（～から始まる）
develop（発展する）　step by step（段階的に）

見極めよう！1

以下の文の中から、時系列パラグラフのトピックセンテンスに適すると思われる文に〇をつけましょう。この場合フォーカスは「時系列」をあらわします。

(　) 1. A university professor has a busy schedule every day.
(　) 2. Plants are changed into fuel in a long process under particular circumstances.
(　) 3. Dolphins give birth to live babies, but sharks come from eggs.
(　) 4. Edison invented the light bulb after many trials and failures.
(　) 5. Plants need water.
(　) 6. There are several steps to installing the latest XYZ air conditioner.
(　) 7. Olympic opening ceremonies entertain audiences with a series of performances and speeches.
(　) 8. Many people agree that recycling is necessary to save the earth.
(　) 9. The Statue of Liberty took a long time to build.

解答・解説

1. ○ 2. ○ 3. × 4. ○ 5. × 6. ○ 7. ○ 8. × 9. ○

3. 「イルカとサメは生まれ方が違う」 5. 「植物には水が必要である」 8. 「地球を守るためリサイクル」は、時間の流れとは関係ない。他はいずれも、時間の経過、過程、一連の手順を扱ったTSである。

訳：1. 大学教授は毎日多忙なスケジュールだ 2. 植物は特殊な環境下で長いプロセスを経て燃料に変化する 3. イルカは赤ん坊を産むが、サメは卵からかえる 4. エジソンは実験と失敗をたくさん繰り返した後、電球を発明した 5. 植物には水が必要だ 6. 最新のXYZエアコン設置はいろいろと手順が必要だ 7. オリンピックの開会式は一連のパフォーマンスやスピーチで聴衆を楽しませる 8. 地球保全のためにはリサイクルが必要だと多くの人が賛同している 9. 自由の女神の建設は長い期間を要した

ポイント アドバイス 時系列パラグラフに適したトピックセンテンスをもう一度読み、これから自分で書く時の参考にしましょう。

見極めよう！2

次の時系列パラグラフはトピックセンテンスが空欄になっています。タイトルと文章を読み、選択肢1〜3の中から、空欄にふさわしいトピックセンテンス（＝「フォーカス」が「時間の流れ」を表している）に○をつけましょう。

Papermaking

TS ＿＿＿＿＿＿＿＿＿＿＿＿＿＿＿＿＿＿＿＿＿＿＿.

First, raw wood is ground into small pieces. Then, water is mixed with the small pieces. The mix is rolled flat with heavy equipment to remove the water. The new, flat mix is finally left to dry to become paper.

(　) 1. Many steps are needed to make paper.

(　) 2. Many stores sell different kinds of paper.

(　) 3. The process of making paper is not complicated.

語注 grind: 〜をすりつぶす complicated: 複雑な

 解答・解説

1. ○　2. ×　3. ○

2. の「フォーカス」は「紙の種類」のことで、時系列をあらわしていない。

訳：製紙 1. 製紙には多くの工程が必要だ　2. 多くの店で多様な用紙が販売されている　3. 製紙のプロセスは複雑ではない／まず、原木は粉砕されて細かいチップになる。それからチップに水が混合される。混合物は重機で平たく圧縮され、水分が取り除かれる。そうしてできた新たな平たい混合物は最終的に放置されて乾燥し、紙となる。

● トピックセンテンスを実際に作る

書いてみよう！

次のA、B各パラグラフについて、タイトルとサポートの情報をもとに、トピックセンテンスを表現を変えて2つずつ書いてみましょう。p.83の「フォーカスによく使われる表現」も参考にしましょう。

A. ● **トピック** ● = 牛乳

● **フォーカス** ● = 安全に作られていく

Safe Milk

TS _____ .

First, the milk is heated to 68 degrees C. The heat kills dangerous creatures that live in the milk. After the milk is cooled down, it is put into bottles and shipped to stores.

語注　degrees C: 摂氏温度

B. ● **トピック** ● = 台風

● **フォーカス** ● = ？（自分で考えよう）

Typhoons

TS _____ .

Winds from the small storm first pick up water from the ocean. The water is turned into heat. The heat causes air to flow to the center of the storm, and it becomes a typhoon.

ヒント！ サポートでは台風ができる過程が説明されています。

第3章 ● 時系列パラグラフ ● 基本編

85

解 答 例

A.

1. Milk is processed to be made safe to drink.
2. Several steps are necessary to make milk safe to drink.

訳：**安全な牛乳** 1. 牛乳はより安全に飲めるように加工される　2. 飲料として安全な牛乳を製造するためにいくつかの段階が必要だ／まず、ミルクは摂氏68度まで加熱される。その熱が牛乳内に生きている危険な物を死滅させるのだ。牛乳は冷却されてから、瓶詰めされて店に出荷される。

B.

フォーカス ⇒ 小さな嵐から成長する

1. A typhoon develops from a small ocean storm.
2. A small ocean storm can gradually become a typhoon.

訳：**台風** 1. 台風は、海上の小規模な嵐から発展する　2. 海上の小規模な嵐がだんだん台風になっていく／まず、小規模な嵐から起こる風が海の水分を取り込む。その水は熱に変換される。その熱によって大気が嵐の中央に流れ込み、それが台風になる。

III サポートを作ろう

流れを作る
のは簡単!

時系列パラグラフのサポートのアウトラインを考える

時系列パラグラフのサポートは、「論理の流れ」が「時間の流れ」に沿っています。

時系列パラグラフの論理の流れのモデル

TS

時間の流れ

①
②
③
④
⑤

「時間の流れ」に沿って情報を上から順に並べていけばアウトラインになります。簡単!

ポイント
アドバイス

情報の主語が何になるのかにも気を付けましょう!

下の時系列パラグラフで、トピックセンテンスA) と一致していない文をB) ～ G) から選びましょう。

● **トピック** ●	＝	パイロットのカレン
● **フォーカス** ●	＝	丸一日休みなしで働いている
● **サポート** ●	＝	ある一日の仕事の内容

A Day in the Life of a Pilot

A) **TS** For Karen Williams, being a pilot is a 24-hour-a-day job.

B) The morning begins at 5:00 a.m. when Karen wakes up.

C) She drives to the airport at around 6:00 a.m. to avoid the heavy traffic.

D) She puts on her uniform and performs a flight check with her co-pilot.

E) Karen likes her job because it pays well.

F) As soon as all the passengers are seated, the plane takes off.

G) Karen flies to several cities and arrives at her hotel at around 9:00 p.m.

一致していない文（　　　）

 サポートには、フォーカスと無関係の文は入れてはいけません！

 解答・解説

E

E) は、給料がいいからパイロットの仕事が好き、となっている。カレンの一日の仕事の予定の説明と一致していない。

訳：**パイロットのある一日** A) パイロットのカレン・ウィリアムズは丸一日働いている　B) カレンの朝は5時起床で始まる　C) 渋滞を避けるため、6時ごろ空港へ車を走らせる　D) 制服に着替えて同僚と飛行点検をする　E) 給料がいいのでカレンは自分の仕事が好きだ　F) 全乗客が着席すると直ちに飛行機は離陸する　G) カレンはいくつかの都市に飛行し、ホテルに9時ごろ着く

考えよう

次のイラストは、植物が種から成長する過程をあらわしています。イラストを見ながらキーワードのみを書き出して、アウトラインを作ってみましょう。

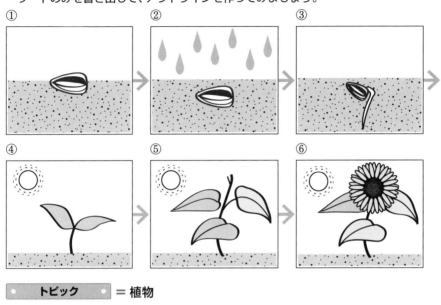

① ② ③

④ ⑤ ⑥

トピック = 植物

フォーカス = 種子から成長する

サポート = 成長する過程の様子

Growth of Plants

TS All plants grow from seeds. _____

時間の流れ

①

②

③

④

⑤

⑥

  サポートの情報を時間の流れに沿って並べるだけです!

第3章 ● 時系列パラグラフ ● 基本編

① a seed, placed in soil（種、土にまかれる）
② the seed contacts water, becomes active（種は水分と結合し、活性化する）
③ the roots, grow down（根、下に伸びる）
④ the tip of the plant, pushes up through the soil（葉芽の部分、土を押し開ける）
⑤ the leaves, spread and gather sunlight（葉っぱ、広げて太陽の光を集める）
⑥ the flowers, bloom, seeds（花、咲く、種）

アウトラインから時系列パラグラフを作る

作ったアウトラインをもとにパラグラフを書くと、次のようになります。

Growth of Plants

TS All plants grow from seeds. ① First, a seed is placed in soil. ② When the seed contacts water, it becomes active. ③ The roots then grow down into the soil. ④ Next, the tip of the plant pushes up through the soil. ⑤ The leaves spread and gather sunlight. ⑥ Finally, the flowers bloom to produce seeds.

訳：**植物の成長** **TS** 全ての植物は種から育つ。①まず、種が土にまかれる。②種が水分と結合すると、活性化する。③そして根が土の中で下の方に伸びていく。④次に植物の葉芽が土を押し上げる。⑤葉っぱは広がって太陽の光を集める。⑥最後に花が咲き、種をつける。

フローチャートには受動態を！

何かを操作したり作成したりする「過程」や「工程」をあらわすフローチャートでは、「何が行われているか」が主眼となっています。こういう場合、よく使われるのが受動態です。主語が操作や作成の対象物となるので、「客観的」に淡々と事実を伝えるイメージが伝わります。

●受動態　　　First, the dinner plate is placed in the middle.
（まず、ディナープレートは中央に置かれる）

しかし、マニュアルやレシピなど、読み手が行う「手順」を説明・指示する場合は、命令文や You が主語の文がよく使われます。

【例】　　　　ディナープレートは中央に置いてください。

●命令文　　　First, place the dinner plate in the middle.

●you が主語　First, you should place the dinner plate in the middle.
（まず［あなたは］ディナープレートを中央に置きなさい）

以上、サポート作りの参考にしてください。

時系列パラグラフのサポートでは、**時間の流れや順序**をあらわす以下の4種類の表現が よく使われます。その使い方のコツを学びましょう。

> ### 時系列パラグラフの「サポートによく使われる表現」
> 等位接続詞　副詞節の接続詞　前置詞句　副詞

● 等位接続詞

and（そして、次に、その後に）は、2つのできごとの順序を説明します。

● Amy <u>**had**</u> a meeting with her boss and <u>**sent**</u> an email to the head office yesterday.
　　　V　　　　　　　　　　　　　　　　　　V
（エミーは昨日、上司と打ち合わせしてから本社にメールを送った）

ポイントアドバイス 2つの動詞を接続するときは、時制の一致に気をつけましょう。

● Rebecca <u>**will do**</u> some stretching at a sports club and <u>**will eat**</u> out tonight.
　　　　　V　　　　　　　　　　　　　　　　　　　　　V
（レベッカは今夜、スポーツクラブでストレッチしてから外食する予定だ）

ポイントアドバイス 2つのできごとの主語が違う場合は、and の前にカンマが必要です。

● <u>The door</u> <u>opened</u>, and <u>Reiko</u> <u>entered</u> the room.（ドアが開き、レイコが部屋に入ってきた）
　　S　　　　V　　　　　S　　　　V

🔾 確認問題

次の2つの文を and を使って1つの文にしましょう。

1. Every Sunday morning, Jonathan washes the dishes. He cleans the living room.

_____.

2. Bob threw the ball. Taka caught it.

_____.

（解答は p.95）

● 副詞節の接続詞

before（前に）、after（後に）、as soon as（すぐ後に）などの接続詞に導かれる副詞節は、以下の例のように2つのできごとの時間の前後（順番）をあらわします。

> **ポイントアドバイス** 副詞節は、主節の前もしくは後ろに置かれます。前に置く際はカンマが必要です。

副詞節
● John locked the front door [before he left for work].
　 S　　 V　　　　　　　　　　　　　　　　 S　　 V

（ジョンは仕事に出かける前に玄関のドアを閉めた）

> **ポイントアドバイス** 未来をあらわす場合、副詞節の動詞は現在形になります。

● [After Kumiko finishes the report], she will attend the party.
　　　　　　　　 現在形　　　　　　　　　　　　 未来形

（クミコはレポートを済ませてからパーティーに出る予定だ）

> **ポイントアドバイス** 副詞節の主語と主節の主語が一致している場合、副詞節の動詞を現在分詞（V-ing）に変えると、副詞節の主語は省略できます。

● John locked the front door [before leaving for work].
　 S　　 V　　　　　　　　　　　　　　　 現在分詞

（ジョンは仕事に出かける前に玄関の鍵をかけた）

❗ 確認問題

次の2つの文をカッコの中の指示に従って1つの文にしてみましょう。

1. John had finished his meetings. John contacted the head office.（as soon asを使って）

_____.

2. Jennifer comes home from the gym. Jennifer takes a shower.（afterを使って主語を省略する）

_____.

3. Jane checked the contract. Peter signed his name.（beforeを使って、副詞節を主節の前に置いて）

_____.

（解答は p.95）

● 前置詞句

at 4 p.m.（午後4時に）、in the morning/afternoon/evening（午前中に／午後に／夕方に）、before noon（お昼前に）、after dinner（夕食後に）、in 2005（2005年に）などの前置詞句は、時間を特定したり、時間の流れや順番（前後）をあらわしたりします。

● Rebecca will leave work **at 6 p.m.** and (will) visit the gym **before dinner.**
　　（レベッカは午後6時に仕事を終えて夕食前にジムに行くだろう）

　　　　　※状況から明らかに will にかかっているとわかる場合、2つ目の will は省略できる。

● 副詞

時系列を表す副詞は、次の2つの種類に分けられます。

1. 順番を列挙する副詞：通常文頭に置かれ、副詞の後にカンマが必要
   first（一番目に・最初に）　first of all（まず最初に）　second（2番目に）　next（次に）
   finally（最後に）

● Finally, the professor answered questions from the students.
　（最後に、教授は学生からの質問に答えた）

2. 時間の流れを表す副詞：動詞の前や文頭に置かれ、時間の流れをあらわす
   first（最初に）　then（それから）　next（次に）　finally（ついに）

● John first takes the kids to school, and then goes to work.
　（ジョンはまず子供を学校へ送り、それから仕事に行く）

　副詞は動詞の前に置くと、よりナチュラルですよ。

確認問題

次の2つの文を、カッコの中の指示に従って時間の流れをあらわす文にしてみましょう。

1. Visitors must present their passports. Their belongings will be checked. (first of all と next を使って2つの文のままで)

_____ .

_____ .

2. Nodoka will greet the guests at the airport. She will drive them to the hotel. (then を使って1つの文に)

_____ .

_____ .

解答

●等位接続詞

1. Every Sunday morning, Jonathan washes the dishes and cleans the living room. (毎週日曜の朝、ジョナサンは皿を洗い、リビングを掃除する)

2. Bob threw the ball, and Taka caught it. (ボブがボールを投げ、タカが取った)

●副詞節の接続詞

1. John contacted the head office as soon as he had finished his meetings.
(ジョンは会議に出るとすぐに本社に連絡を取った)

2. Jennifer takes a shower after coming home from the gym.
(ジェニファーはスポーツジムから帰宅後、シャワーを浴びる)

3. Before Peter signed his name, Jane checked the contract.
(ピーターが署名する前に、ジェーンは契約書の内容を確認した)

●前置詞句と副詞

1. First of all, visitors must present their passports. Next, their belongings will be checked.
(まず来訪者はパスポートを提示しなければならない。次に持ち物が検査される)

2. Nodoka will greet the guests at the airport, and then (will) drive them to the hotel. (ノドカは空港で客を迎えて、それからホテルへ車で送る予定だ)

 書いてみよう！

「時系列パラグラフのサポートに役立つ表現」を使って、スケジュール表を基に時系列パラグラフのサポートを書いてみましょう。

【 社長の明日のスケジュール 】
大手建設会社社長Miho Kandaの明日のスケジュールは予定で埋まっています。次のスケジュールを見てみましょう。

Miho Kanda's Schedule for Tomorrow

7:00 a.m.	- eating breakfast ①
	- exercising for an hour ②
11:30 a.m.	- cutting the ribbon at a new bridge opening ceremony ③
12:00 p.m.	- (lunch)
5:00 p.m.	- being photographed for a magazine ④
5:35 p.m.	- appearing on TV ⑤
9:00 p.m.	- returning home ⑥
	- having dinner ⑦
11:00 p.m.	- going to bed ⑧

Exercise 1

スケジュール①〜⑧について、カッコ内に指示された「時系列に役立つ表現」を使って、文を書きましょう。

1. ①（前置詞句 at 7 a.m. を使って）

_____ .

2. ② (then を使って)

_____.

3. ④＋⑤ (soon after を使い、その後は主語を省略し、現在分詞を使って)

_____.

4. ⑦＋⑧ (and を使って)

_____.

 明日の予定なので、文の基本は未来形になります。

○ Exercise 2

Miho Kanda の明日のスケジュール①〜⑧をもとに、次の中から適している表現を使って空欄に文を埋め、時系列パラグラフを完成させましょう。

after, before lunch, at 7 a.m. and, in the early evening, next, then

トピック ＝ Miho Kanda

フォーカス ＝ 明日、多くの予定がある

Miho Kanda's Schedule for Tomorrow

TS Miho Kanda, president of a leading building company, has a very busy schedule tomorrow.

1. ①＋② Ms. Kanda will eat breakfast _____.

2. ③ _____.

3. ④ _____.

4. ⑤ _____.

5. ⑥＋⑦ Ms. Kanda will have dinner _____.

She will finally go to bed at around 11 p.m.

● 解答例・解説 ●

○ **Exercise 1**

1. Ms. Kanda will eat breakfast at 7 a.m.（カンダ氏は午前7時に朝食を食べる予定だ）

2. She will then exercise for an hour.（それから彼女は1時間運動をする）

3. Soon after being photographed for a magazine, she will appear on television.
   （雑誌撮影がすんだらまもなく、テレビに出演するだろう）

4. She will have dinner and go to bed at around 11 p.m.
   （夕食を食べ、午後11時頃にベッドに入る）

○ **Exercise 2**

カンダミホ氏の明日の予定

TS 大手建設会社の社長であるカンダミホ氏は明日はとても忙しくなる。

1. ①② (Ms. Kanda will eat breakfast) at 7 a.m., and then exercise for an hour.
   （カンダ氏は午前7時に朝食を食べて1時間ほど運動をする予定だ）

2. ③ She will cut the ribbon at a new bridge opening ceremony before lunch.
   （新設の橋のオープニングセレモニーでテープカットすることになっている）

3. ④ In the early evening, she will be photographed for a magazine.
   （夕方早い時間に雑誌の撮影がある）

4. ⑤ Next, she will make a TV appearance.（次にテレビに出演する予定だ）

5. ⑥⑦ (Ms. Kanda will have dinner) after returning home at around 9 p.m.
   （カンダ氏は9時ごろ帰宅してから夕食を食べる）

午後11時ごろにようやくベッドに入る。

○ **解説** **Exercise 1** 日程は未来について述べているので、助動詞 will を使う。2の then は文頭でもいいが動詞の前に置くとよりナチュラルになる。3. Soon after（~するとすぐに）の後を名詞節でなく副詞節にすると、Soon after she is photographed for a magazine のように現在形になる。

Exercise 2 1のように単文を and then でつなげたりすると文全体にメリハリがつく。

98

Ms. Tsushima のライティング徒然（3）

ライティングは技術

「ライティングは難しくて」「自分で書けるようになる気がしない」という
声をよく耳にします。
そんな方々に、留学時代に私が師事した教授が繰り返し言っていた言葉を
贈ります 😊

Good writing is not a naturally learned ability but a skill.

そう、ライティングは「生まれながらの能力」ではなく、スキーと同じよう
に練習して身に付ける「技術」なのです。
スキーを最初から上手に滑れる人はいません。何度も転び、失敗と成功を
繰り返しながら練習を重ね、スキーの技術を身に付けていきますよね。ラ
イティングも、何度も間違えて、書き直し、時には落ち込んで、練習を重ね
ながら身に付ける技術です。

You will be a better writer only if you practice!

練習すれば必ず上達します。頑張って！

実践力をつけよう

5種類のトピックについて、
キーワードやヒントを手掛かりにステップを踏みながら
自分でパラグラフを書いてみましょう。
課題が進むにつれて、手掛かりはだんだん少なくなっていきます。

少しずつ
難しく
なりますよ

ライティング実践問題 ①

○ 保育園の一日のタイムスケジュール

保育園の一日は予定でびっしりです。次のスケジュール表を見ながら、レインボー保育園（Rainbow Day Care）の2歳児向けの一日のスケジュールを書いてみましょう。

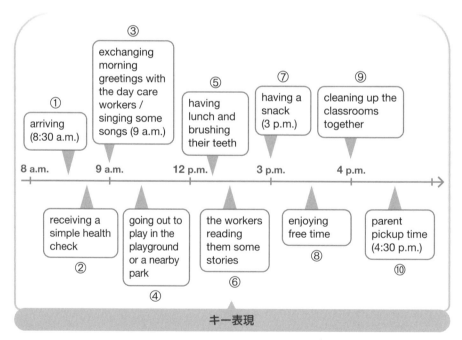

③
exchanging morning greetings with the day care workers / singing some songs (9 a.m.)

①
arriving (8:30 a.m.)

⑤
having lunch and brushing their teeth

⑦
having a snack (3 p.m.)

⑨
cleaning up the classrooms together

8 a.m.　9 a.m.　12 p.m.　3 p.m.　4 p.m.

②
receiving a simple health check

④
going out to play in the playground or a nearby park

⑥
the workers reading them some stories

⑧
enjoying free time

⑩
parent pickup time (4:30 p.m.)

キー表現

語注 health check: 健康診断　exchange greetings: あいさつを交わす　snack: おやつ　pickup: お迎え

○ Step 1 トピックセンテンスを考えよう！

トピックセンテンスを、表現を変えて2つ書いてみましょう。

トピック ＝ レインボー保育園

＋

フォーカス ＝ 2歳児向けの忙しい一日のスケジュール

TS _____

TS _____

○ Step 2 サポートを考えよう！

レインボー保育園のスケジュールを参考に、キーワードのみを書いてサポート用のアウトラインを作りましょう。

Rainbow Day Care Daily Schedule

TS _____

時間の流れ

ポイントアドバイス　予定①〜⑩を上から順に並べるだけで、「時間の流れ」を表すアウトラインになります（簡単！）。

Step 3 パラグラフを書いてみよう！

解答例は見ないでね！

アウトラインを参考にしながら空欄を埋め、パラグラフを完成させましょう。さまざまな時系列に役立つ表現を使ってみましょう。

Rainbow Day Care Daily Schedule

TS ＿＿＿＿＿＿＿＿＿＿＿＿＿＿＿＿＿＿＿＿＿

①＋② ＿＿＿＿＿＿＿＿＿＿＿＿＿＿＿＿＿＿＿.

③ At 9 a.m., they exchange morning greetings with the day care workers and then sing some songs.

④ ＿＿＿＿＿＿＿＿＿＿＿＿＿＿＿＿＿＿＿.

⑤＋⑥ ＿＿＿＿＿＿＿＿＿＿＿＿＿＿＿＿＿.

＿＿＿＿＿＿＿＿＿＿＿＿＿＿＿＿＿＿＿.

⑦ ＿＿＿＿＿＿＿＿＿＿＿＿＿＿＿＿＿＿＿.

⑧＋⑨ ＿＿＿＿＿＿＿＿＿＿＿＿＿＿＿＿＿.

⑩ The day's schedule concludes with parent pickup time at 4:30 p.m.

考えどころ ● 主語は何？ ● 時制はどうする？

解答例・解説

Step 1 トピックセンテンスを考えよう！

- Rainbow Day Care has a busy daily schedule for 2-year-old children on its regular days. （レインボー保育園はふだんの日、2歳児向けに予定をびっしり組んでいる）
- Rainbow Day Care's regular days include many activities for 2-year-old children. （レインボー保育園はふだん、2歳児向けにさまざまなアクティビティを用意している）

102

Step 2 サポートを考えよう！

100ページの①〜⑩をそのまま並べればよい。

Step 3 パラグラフを書いてみよう！

Rainbow Day Care Daily Schedule

TS Rainbow Day Care has a busy daily schedule for 2-year-old children on its regular days.

①②After arriving at 8:30 a.m., the children receive a simple health check.

③At 9 a.m., they exchange morning greetings with the day care workers and sing some songs.

④They then go out to play in the playground or a nearby park.

⑤⑥Next, the children have lunch and brush their teeth before the workers read them some stories.

⑦The children have a snack at 3 p.m.

⑧⑨They enjoy free time and then clean up the classrooms together.

⑩The day's schedule concludes with parent pickup time at 4:30 p.m.

訳：レインボー保育園の日課 **TS** レインボー保育園はふだんの日、2歳児向けに予定をびっしり組んでいる。①②子どもたちは午前8時半に登園し、簡単な健康診断を受ける。③午前9時に保育士と朝の挨拶を交わし、歌を歌う。④それから遊び場や近くの公園で遊ぶ。⑤⑥次に、子どもたちがお昼を食べて歯を磨いた後、保育士は読み聞かせをする。⑦午後3時にはおやつを食べる。⑧⑨自由に遊びを楽しんでから、みんなと一緒に教室を片付ける。⑩午後4時半に保護者が迎えに来て一日のスケジュールは終わる。

解説 **Step 1** リードとスケジュール表から、このトピックセンテンスのトピックはレインボー保育園で、トピックについての論点、つまりフォーカスは「2歳児向けの一日のスケジュールがタイトだ」と定める。have a busy daily schedule などの表現を使うとよい。他に「さまざまなアクティビティがある」という表現も考えられる。

Step 2 時系列パラグラフのアウトラインは、予定や出来事を時間の流れに沿って書く。ここではタイムスケジュールの①〜⑩をそのまま並べるだけでよい。

Step 3 サポート部分では子供たちの行動が描かれているので、主語は the children、そして繰り返しを避けるために代名詞の they を使う。ただし、⑩の内容は「保護者のお迎え」で「一日が終わる」ので、主語は異なる。時制については、幼稚園での毎日繰り返される予定を表現するので、すべて現在形となる。また、①〜⑩のサポート部分では、時系列をあらわすさまざまなバリエーションの表現が使われている。at ＋時刻、then、next のほか、after や before を使って2つの出来事を一文であらわすなど、文章が単調にならないようメリハリをつける工夫をしよう。

○ 古着が販売されるまでの流れ

リサイクルショップに持ち込まれた古着が売られるまでにはいくつかの手順が必要です。その流れをあらわした次のフローチャートを参考にしながら、時系列パラグラフで説明してみましょう。

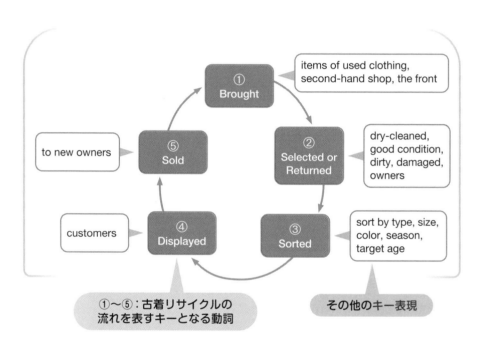

語注 second-hand shop: リサイクルショップ
front: 店頭 sort: 〜を分類する

Step 1   トピックセンテンスを考えよう！

トピックセンテンスを、表現を変えて2つ書いてみましょう。

トピック ＝ 古着

＋

フォーカス ＝ リサイクルショップで（手順を経て）収集され売られている

TS _____

TS _____

Step 2   サポートを考えよう！

フローチャートとキー表現を参考に、サポート用のアウトラインを作りましょう。

The Processing of Second-hand Clothes

TS _____

時間の流れ

Step 2のアウトラインをもとに、時系列に役立つ表現を使ってパラグラフを書いてみましょう。

The Processing of Second-hand Clothes

TS _____

考えどころ ● 主語は何？　● 時制はどうする？　● 文は受け身にする？しない？

解答例・解説

○ **Step 1** トピックセンテンスを考えよう！

- Today, used clothes are collected and sold at second-hand shops.
  （今日では、古着は収集されてリサイクルショップで販売される）
- Buying and selling used clothes requires a few simple steps.
  （古着の売買にはいくつかの簡単な手順が必要だ）

Step 2 サポートを考えよう！

① items of used clothing, are brought to, the front of the second-hand shop
② dry-cleaned clothes, in good condition, are selected, dirty or damaged items, are returned to owners
③ are sorted by type, size, color, season, and target age
④ are displayed for customers
⑤ are sold to new owners

Step 3 パラグラフを書いてみよう！

The Processing of Second-hand Clothes

TS Today, used clothes are collected and sold at second-hand shops. ① Items of used clothing are first brought to the front of the shop. ② Only dry-cleaned clothes in good condition are selected, and dirty or damaged items are returned to their owners. ③ Next, the used clothes are sorted by type, size, color, season and target age. ④ They are then displayed for customers. ⑤ Finally, they are sold to new owners.

訳：古着の処理 **TS** 昨今では、古着は収集されてリサイクルショップで販売される。① 古着はまず店頭に持ち込まれる。② クリーニング済みの良い状態の服のみ選別され、汚れたり傷んだりしている服は持ち主に返される。③ 次に、古着は種類やサイズ、色、季節、対象年齢ごとに仕分けされる。④ それから、顧客向けにディスプレイされる。⑤ 最後は、新しい持ち主に売られる。

解説 **Step 1** リードとフローチャートから、トピックセンテンスのトピックは「古着」で、フォーカスは「リサイクルショップで（さまざまな手順を経て）収集され売られている」だと定める。古着の流通は比較的近年に確立されたものなので、Today や These days などを冒頭に持ってきてもよい。
Step 2 p.91の「目指せ Sophisticated Writing!」にあるように、何かを取り扱う際の過程や工程をあらわすには受動態を使った客観的な説明が有効なので、ここでは受動態を使う。まずフローチャート①～⑤の過去分詞形の動詞を見て全体の流れをつかむ。それから、主語や修飾部分をあらわすキー表現と、情報を整理しながら組み合わせよう。used clothes や items of used clothing がパラグラフ全体の主語となる。② で selected と結びつくのは dry-clean された good condition の clothes で、反対に dirty あるいは damaged な clothes（items）は owners に return されると理解できる。
Step 3 前述のように、パラグラフにおける主語は used clothes や items of using clothing か代名詞の they である。ただし② では、used clothes が分類された dry-cleaned clothes と dirty or damaged clothes（items）がそれぞれ主語になる。古着が持ち込まれてから売られるまでの過程をあらわすので、Step2で述べたように、一貫して受動態を使って客観的に説明する。また、一般的な手順の説明なので、時制は現在形を使う。手順を淡々と伝える文章なので、first、next、then、finally のように時系列を一語であらわす副詞を順番に使っている。

○ アポロ11号の月面初着陸

以下は、アポロ11号（Apollo 11）が月面着陸を果たしたときのNASAのメモと映像を
もとに描いたイラストです。このメモとイラストをもとに、人類初の月面着陸までの
流れを時系列パラグラフで書いてみましょう。

Apollo 11 making the first moon landing

July 20, 1969

Apollo 11, Neil Armstrong + another man

4:17 p.m. Eastern Time, LANDED!

- checking outside

- around 10 p.m. Neil, going out!

- down 9 steps of the ladder

10:56 p.m.

Neil, planting his left foot!

語注 Eastern Time:（米国の）東部標準時　ladder: はしご　plant: ～を置く、据える

108

Step 1 トピックセンテンスを考えよう！

トピックセンテンスを、表現を変えて2つ書いてみましょう。

| ● トピック ● | = 初の月面着陸 |

＋

| ● フォーカス ● | = （NASAの）綿密なスケジュールに基づいて行われた |

TS _____

TS _____

Step 2 サポートを考えよう！

メモとイラストを参考にサポート用のアウトラインを作りましょう。

The First Step on the Moon

TS _____

時間の流れ

ヒント！ イラスト①〜⑥を「時間の流れ」と考えましょう。②と③、④と⑤は1つに まとめられます。

解答例は
見ないでね！

○ **Step 3** パラグラフを書いてみよう！

Step 2のアウトラインをもとに、さまざまな時系列に役立つ表現を使ってパラグラフ
を書いてみましょう。

The First Step on the Moon

TS _____

考えどころ ●主語は何？ ●時制はどうする？

● 解答例・解説 ●

○ **Step 1** トピックセンテンスを考えよう！

• The first moon landing took place according to the schedule NASA set, on July 20, 1969.
（初の月面着陸はNASAが組んだスケジュールに沿って1969年7月20日に行われた）

• July 20, 1969, was a historical day for Earth when the first humans landed on the moon.
（1969年7月20日は人類が初めて月に降り立つという、地球にとって歴史的な日となった）

○ **Step 2** サポートを考えよう！

①Apollo 11, landed, Neil Armstrong and another man, on the moon, at 4:17 p.m.,

110

Eastern Time

②③ checking outside, through the window, started preparing to go outside

④⑤ Around 10 p.m., went out of the door, down the nine steps of the ladder

⑥ At 10: 56 p.m., planted his left foot on the moon

Step 3 パラグラフを書いてみよう！

The First Step on the Moon

TS The first moon landing took place according to the schedule NASA set, on July 20, 1969. ①The Apollo 11 successfully landed Neil Armstrong and another man on the moon's surface at 4:17 p.m. Eastern Time. ②③After carefully checking outside through the window, they started preparing to go outside. ④⑤Six hours later, Armstrong went out of the door and then stepped down the nine steps of the ladder. ⑥Finally, Armstrong planted his left foot on the moon at 10:56 p.m. Eastern Time.

訳：**月面への第一歩** **TS** 初の月面初着陸はNASAが組んだスケジュールに沿って1969年7月20日に行われた。①アポロ11号は、東部標準時間午後4時17分、ニール・アームストロングと他1名を月面に着陸させることに成功した。②③窓から外の様子を慎重にチェックした後、彼らは船外に出る準備を始めた。④⑤6時間後、アームストロングは扉から出て、9段のはしごを降りていった。⑥東部標準時間午後10時56分、アームストロングはついに左足で月面に降り立った。

解説 **Step 1** リードとメモから、トピックセンテンスのトピックは「初の月面着陸」、フォーカスは「(NASAの)綿密なスケジュールに基づいて行われた」と定める。あるいは、トピックを「1969年7月20日」、フォーカスを「人類あるいは地球にとって歴史的な日となった」などとしてもよい。ここはサポート部分の情報を総括して、書き手が何をどう強調・主張したいかで決める。
Step 2 メモは大きな流れを、イラストはさらに細かい場面をあらわしている。メモの英語をイラストから得られる情報で肉付けしていこう。まず①はメモのLANDED! に呼応している。「どこに＝ on the moon」といった情報を補う。②で入念に checking outside し、③は going out の準備を始めている。船外に出るために窓から外の様子をチェックしている（checking outside through the window）と考え、②と③は1つの文にできる。午後10時頃に④船外から出てきて（going out）⑤9段のはしごを降りる（down 9 steps of the ladder）ところなのでこれも1つの文に。そしてついに⑥午後10時56分に左足で月面に降り立った（planting his left foot）。
Step 3 主語は Apollo 11、そして宇宙飛行士の Neil Armstrong (and another man)、代名詞の they など。過去の出来事なので、時制は過去形で統一する。時系列をあらわす表現としてメモの時刻を at ＋時刻の形で使える。2つの出来事の時系列を After ～を使って一文であらわすと、文章にメリハリがつく。また、単に時刻を転記するだけでなく、時の経過をあらわすために、six hours later といった表現も効果的。劇的な出来事なので、最後は Finally で締める。

○ ゲーム会社の沿革

ゲーム会社の梵天堂は、創業以来エンターテインメント業界で躍進を遂げ、成功を収めてきました。年表をもとに会社の沿革を時系列パラグラフで説明してみましょう。

① 1948　小脇省吾 (Shogo OWAKI) が中古レコード店を開き梵天堂と名付ける

② 1950　業務用ジュークボックスの生産を開始する

③ 1965　6月1日に初のシューティングゲームを発売し30万台売れる

④ 1982　業務用テレビゲーム機の販売でシェア1位となる

⑤ 1990　家庭用テレビゲーム機 BontendoX を販売し記録的な売り上げを果たす

⑥ 　　　　北米に進出して製品販路を拡大、初の海外進出を果たす

⑦ 2002　ゲームソフト *The Victory* の主要キャラクターを主人公にした映画『勝利への旅路』(*The Journey to Victory*) が世界的にヒットする

⑧ 2012　オンラインゲームのサービス梵天堂オンライン (Bontendo Onine) を開始する

〜梵天堂はいくつもの世代の人々を楽しませてきた

キー表現（出てくる順）

leading company, successful, entertainment industry, establish, produce, commercial, release, become the biggest seller, become a record success, develop a market, feature, smash hit, boast of, generation

語注 leading company: トップ企業　develop a market: 市場を開拓する　feature: 〜を主役にする
boast of: 〜を誇る

○ Step 1 トピックセンテンスを考えよう！

「トピック」と「フォーカス」を考え、表現を変えてトピックセンテンスを2つ書いてみましょう。

トピック = _____
　＋
フォーカス = _____

TS _____

TS _____

○ Step 2 & 3 サポートを考え、パラグラフを書いてみよう！

年表とキー表現を参考にサポート用のアウトラインを作り、さらにそれをもとにさまざまな時系列に役立つ表現を使って、パラグラフを書いてみましょう。

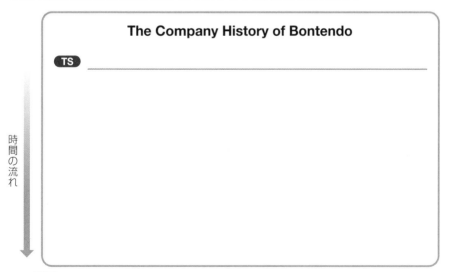

The Company History of Bontendo

TS _____

時間の流れ

考えどころ ● 時制は何を使う？ ● 主語は何にする？

● 解答例・解説 ●

◯ Step 1 トピックセンテンスを考えよう！

トピック＝梵天堂

フォーカス＝エンターテインメント業界で躍進し続けている

- Bontendo has been a leading game company in the entertainment industry.

　（梵天堂はエンターテインメント業界においてトップを走り続けてきた企業だ）

- A leading game company, Bontendo, has been successful in the entertainment industry.

　（ゲーム会社の最大手、梵天堂はエンターテインメント業界において成功を収め続けてきた）

◯ Step 2 & 3 パラグラフを書いてみよう！

The Company History of Bontendo

TS A leading game company, Bontendo, has been successful in the entertainment industry. ①Shogo OWAKI first established a used-record shop, named Bontendo, in 1948. ②Bontendo began producing commercial music-playing machines in 1950. ③On June 1, 1965, the company released its first shooting game and succeeded in selling over 300, 000 units that same year. ④ In 1982, Bontendo became the biggest seller of commercial TV games. ⑤After the home TV game BontendoX became a record success in 1990, ⑥Bontendo began developing a market in North America. ⑦In 2002, the movie *The Journey to Victory*, featuring the main characters of the Bontendo game *The Victory*, became a worldwide smash hit. ⑧Bontendo began the online game service Bontendo Online in 2012. Bontendo can boast of having entertained several generations.

訳：**梵天堂社史 TS** ゲーム会社の最大手、梵天堂はエンターテインメント業界において成功を収め続けてきた。①1948年、小脇省吾がまず中古レコード店を開き、梵天堂と名付けた。②梵天堂は1950年に業務用ジュークボックスの生産を開始した。③1965年6月1日、同社は初のシューティングゲームを発売し、年内に30万台超を売り上げた。④1982年、梵天堂は業務用テレビゲーム機の販売でシェア1位となった。⑤1990年に家庭用テレビゲーム機BontendoXを販売し記録的な売り上げをたたき出した梵天堂は、⑥北米への販路拡大を開始した。⑦2002年には、ゲームソフト『The Victory』の主要キャラクターを主人公にした映画『勝利への旅路』が世界的にヒットした。⑧2012年、オンラインゲームのサービスBontendo Onlineを開始。梵天堂はこれまでに何世代もの人々を楽しませてきたと言える。

114

○ 解説　　○ Step 1　リードとタイトル、年表の中身から、トピックは「ゲーム会社の梵天堂」、フォーカスは「エンターテインメント業界で躍進し続けている」だとわかる。「躍進し続けている」は has been successful、has been a leading game company のように、現在完了形であらわせる。

○ Step 2 & 3　年表に書かれてあることを順番に書いていけばよい。年号は in 1948 のように前置詞 in を使ってあらわす。主語は主に会社名 Bontendo と代名詞 it だが、商品名 + become a success のように商品名を主語にすることもできる。過去に起こった出来事について書いてあるので、サポート部分の時制は一貫して過去形。最後の文は全体をまとめる Conclusion だ。トピックセンテンスが現在の視点から会社の歴史全体を俯瞰するために現在完了形を使ったように、最後の文も現時点から年表の流れ全体をまとめているので、現在完了形を使うのがふさわしい。また、⑤ The home TV game BontendoX became a record success in 1990. が⑥の Bontendo began developing a market in North America. という海外進出につながったと解釈し、流れを作るために After を使って 2 つの文をつなげることもできる。

○ 和食レストランのボヤ火災のてんまつ

次の6コマの絵は、「和食レストランチェーン・まいど岡山南店」で起きたボヤ火災の
様子をあらわしています。このイラストの流れに沿って、火災事故の経緯をあらわす
レポートを書いてみましょう。

キー表現（アルファベット順）

a bucket of water, a fire, deep-frying, firefighters,
foam, put out, the chief cook, the fire department

語注 deep-fry: 〜を揚げる　foam: 泡　put out: 〜を消化する　fire department: 消防署

○ Step 1　トピックセンテンスを考えよう！

「トピック」と「フォーカス」を考え、表現を変えてトピックセンテンスを2つ書いてみましょう。

トピック	= ＿＿＿＿＿＿＿＿＿＿＿
＋	
フォーカス	= ＿＿＿＿＿＿＿＿＿＿＿＿＿＿＿＿＿

TS ＿＿＿＿＿＿＿＿＿＿＿＿＿＿＿＿＿＿＿＿＿＿＿＿＿＿＿＿＿＿＿

TS ＿＿＿＿＿＿＿＿＿＿＿＿＿＿＿＿＿＿＿＿＿＿＿＿＿＿＿＿＿＿＿

○ Step 2 & 3　サポートを考え、パラグラフを書いてみよう！

6コマの絵とキー表現を参考に、サポート用のアウトラインを作り、それをもとに、パラグラフを書いてみましょう。

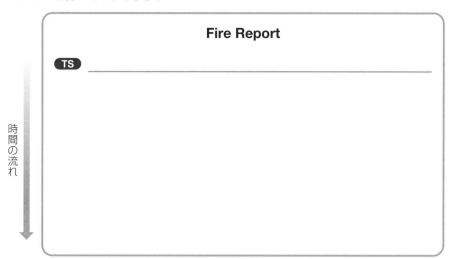

Fire Report

TS ＿＿＿＿＿＿＿＿＿＿＿＿＿＿＿＿＿＿＿＿＿＿＿＿＿＿＿＿＿＿

時間の流れ

**ポイント
アドバイス**　**時系列の説明が主目的！ ここでは「なぜ火事が起こったのか」という原因の説明に深入りしないよう気を付けましょう。**

Step 1 トピックセンテンスを考えよう！

トピック＝和食レストランチェーン・まいど岡山南店
フォーカス＝火事があった

- There was a fire at a Japanese food chain restaurant, Maido Okayama Minami yesterday.
- A fire occurred at a Japanese food chain restaurant, Maido Okayama Minami yesterday.

（昨日、和食レストランチェーン・まいど岡山南店で火事があった）

Step 2 & 3 サポートを考え、パラグラフを書いてみよう！

Fire Report

TS A fire occurred at a Japanese food chain restaurant, Maido Okayama Minami yesterday. ①At about 3:00 p.m., when **the chief cook was deep-frying tempura in the kitchen, he received a phone call from an angry customer.** ②While **he was talking, the oil got too hot and started to burn** around 3:15 p.m. ③As soon as **the chief cook saw the fire, he called the fire department.** ④A part-timer threw a bucket of water on the fire, ⑤but **the fire spread and grew** until firefighters arrived at around 3:25 p.m. ⑥Finally, **they put it out completely with a special foam for fires** by 3:40 p.m.

訳：**火事のレポート** **TS** 昨日、和食レストランチェーン・まいど岡山南店で火事があった。①午後3時ごろ、料理長が厨房で天ぷらを揚げていた際に、怒った顧客からの電話を受けた。②彼が電話で話している間に、油は過熱して3時15分ごろに燃え始めた。③火を目にした料理長は、すぐに消防署に電話した。④パート従業員が火にバケツで水をかけたが、⑤火は回って、午後3時25分ごろ消防士たちが到着するまで広がっていった。⑥最終的に、火事用の特殊な泡の投入により、午後3時40分までには完全に消火した。

語注 part-timer: アルバイト、パートタイム従業員　spread: 伸びる

○ 解説   ○ Step 1   リードやイラストからトピックは「和食レストランチェーン・まいど岡山南店」、でフォーカスは「火事があった」だとわかる。「火事があった」は There was a fire ... あるいは A fire occurred ...。

○ Step 2 & 3   刻々と変化する店舗の火事のレポートなので、関係者や関連事項は複数あり、主語も場面に応じて変化する。誰（何）を主語にするのか、場面ごとに決めて書いていこう。過去の出来事なので、時制は過去形で統一される。イラストに書き込まれた時刻表記も英文に反映させる。まず①は火事の原因で、主語は料理している人（料理長）。天ぷらを揚げているときに怒った客からの電話を受けた。「〜した時」という when を使った副詞節で2つの動作を表現する。②では「話している間に油が過熱し燃えだした」場面。「〜している間」は接続詞 while を使う。主語は the oil。こういう事件については、人でなく無生物が主語になることが多い。③は「火を目にした料理長がすぐに消防署に電話した」という場面で、接続詞的に用いる as soon as（〜するとすぐ、）を使う。④と⑤はパート従業員がバケツの水をかけたものの、火が回って、消防署員が到着するまでにずっと燃え広がった、という一連の流れなので but でつなげて1つの文にするとよい。④の主語はパート従業員 a part-timer で、⑤の主語は the fire。「〜するまでずっと」は接続詞 until を使うとよい。⑥最後は finally で締める。主語は消火した firefighters の代名詞 they。「〜までには」は by を使って表現。

好きなトピックで 自由に書いてみましょう！

● まだまだある、時系列パラグラフのトピック

時系列パラグラフのライティング術で説明できるトピックはたくさんあります。自分が興味を持てる話題をいろいろと考えて、実際に書いてみましょう。

パラグラフ作成の流れ

① トピックとフォーカスを定める

↓

② 必要なキーワードを書き出してサポート用のアウトラインを作る

↓

③ パラグラフを書く

トピック例

1. 会社沿革
2. 新社長の経歴
3. 会議の議事録
4. 出張報告書
5. 旅程表
6. 酒造の工程マニュアル
7. レシピ
8. 作陶の手順
9. 茶道でお茶を立てる
10. ある老舗の歴史
11. 釧路湿原ができるまで

第4章

定義・紹介パラグラフ

「〜は何か、どういうものか」を定義し、
紹介するパラグラフ。
相手にきちんと理解してもらうためには、
まず十分に調べて、過不足ない材料をそろえること。
その上で、どの点を強調して伝えたいのか、
自分なりに判断して
文を組み立てましょう。

Ⅰ 定義・紹介パラグラフとは？

情報を整理して書こう

● 定義・紹介パラグラフで説明できること

定義・紹介パラグラフは、人・物・事象・概念を「〜とは何か・どんなものか」と定義し、**基本情報を紹介する**パラグラフです。辞書の用語定義や百科事典の解説、新商品の説明などが典型例です。海外の人に向けて日本のさまざまな事象やアイテムを紹介する際にもこの手法が使えます。

定義・紹介パラグラフでは、最初に**トピックセンテンスで明確に「定義」した後、サポ**ートの**5W1H を含む**さまざまな基本情報で詳しく紹介します。

考えよう

次のトピックのうち、定義・紹介パラグラフで説明できるものに○をつけましょう。

1. 造語の解説 ………………………………………… （　　　）
2. お好み焼きの紹介 ………………………………… （　　　）
3. サプリメントの効能書き ………………………… （　　　）
4. 日本初上陸のお菓子の説明 ……………………… （　　　）
5. 備前焼の紹介 ……………………………………… （　　　）
6. 歯科技工士の仕事の説明 ………………………… （　　　）
7. ウイスキーの作り方の解説 ……………………… （　　　）
8. 図鑑のアゲハ蝶の解説 …………………………… （　　　）
9. 最新型テレビと旧型テレビの性能の比較 …… （　　　）

解答・解説

1.○　2.○　3.×　4.○　5.○　6.○　7.×　8.○　9.×
3、7と9以外は、「〜とは何か」が主題なので、定義・紹介パラグラフで説明できるトピック。3は「効能」に限定されている。これは定義・紹介の内容の一部だ。7.「ウイスキーの作り方」は手順を時系列パラグラフで説明できる。9.「比較」は、類似点や相違点の説明なので定義ではない。

● 定義・紹介パラグラフのモデル

定義・紹介パラグラフにはさまざまな情報が含まれます。どんな種類の情報なのか、問題を解きながら見てみましょう。

考えよう

以下は「国際女性デー」について定義し、紹介した文です。①〜⑦の各文がどういう情報をあらわしているか、当てはまる情報の種類を下の A)〜E)から選び、（　　）の中に書き込みましょう。（同じ選択肢が複数回使われる場合もあります。）

International Women's Day

（　　）① International Women's Day on March 8 is a day to celebrate women's achievements.

（　　）② The history of the holiday dates back to March 8, 1908, when American female workers raised their voices for female equality in New York City.

（　　）③ To honor them, Clara Zetkin, a German supporter of women's rights, along with others created an annual International Women's Day at an international meeting in 1910.

（　　）④ Each year, a different International Women's Day theme is set by the United Nations.

（　　）⑤ The first official U.N. theme, in 1996, was "Celebrating the Past, Planning for the Future."

（　　）⑥ International Women's Day is now a national holiday in many countries.

（　　）⑦ A common custom is to give flowers or cards to any woman one respects or wishes to thank.

語注 equality: 平等　achievement: 業績

A) テーマ
B) 何をするか
C) 定義（〜とは何か **TS** ）
D) 国における位置づけ
E) 起源・変遷

🔔 **解答・解説**

①（C）②（E）③（E）④（A）⑤（A）⑥（D）⑦（B）

解説 ①トピックセンテンスの役割は最初に「定義」すること。「国際女性デー」について、オーソドックスに成り立ちから始めて、掲げるテーマ、立ち位置、最後に補足、という情報の流れ。

訳：国際女性デー **TS** ①3月8日の国際女性デーは、女性の功績をたたえる日である。②この祝日の歴史は1908年の3月8日にさかのぼる。この日、アメリカの女性労働者たちがニューヨークで女性の平等を訴えて声を上げたのだ。③彼女たちをたたえるため、ドイツの女権支持者であるクララ・ツェトキンはほかの同志と共に、1910年の国際会議で年1回の国際女性デーを設立した。④毎年、国連によって国際女性デーのさまざまなテーマが設けられる。⑤1996年、国連が掲げた初めてのテーマは、「過去を祝福し、未来に向けて計画する」だった。⑥国際女性デーは今や多くの国で国民の祝日になっている。⑦どこでもよく見られる慣習として、人々は敬意や感謝の念を抱いている女性に花やカードを贈る。

○ **定義・紹介パラグラフのトピックセンテンスとは？**

| トピック | ＝ 国際女性デー |

＋

| フォーカス | ＝ 3月8日、女性の功績をたたえる日 |

↓

| トピックセンテンス **TS** |

＝ 「国際女性デー」は「3月8日、女性の功績をたたえる日」

「フォーカス」はトピックについて「国際女性デーとは何か」を定義します。

TS International Women's Day on March 8 is a day to celebrate women's achievements.

↑ 「トピック」　　　↑ 「フォーカス」

○ 定義・紹介パラグラフのサポートとは？

● サポート ●

サポートは、「国際女性デー」の基本情報を説明します。基本情報には「5W1H」の要素のいずれかが含まれます。

● 主な基本情報の例
- 同類の別の種差との違い (difference from other kinds in the same group)
- 特性 (quality)
- 目的 (purpose)
- 用途 (use)
- 慣習 (custom)
- 外見 (appearance)
- 仕組み (system)
- 起源・変遷 (origin・change/development)
- 特筆事項 (special mention)

［p.131参照］

百科事典の説明を
想像しながら書きましょう！

定義・紹介パラグラフのポイント！

1. 「フォーカス」がトピックを定義する
2. 「サポート」は、トピックの基本情報を紹介する

Ⅱ トピックセンテンス（TS）を作ろう 一文だけど超重要！

○ 定義・紹介パラグラフのTSのフォーカスで使われる表現

このパラグラフのトピックセンテンスの「フォーカス」は、「定義」を説明します。定義は、「類＝属するグループ」と「種差＝同グループの中の他との違い、個別の特徴」で説明して、トピックの存在を限定するものです。次の例を見てみましょう。

● **トピック** ＝ マグカップ

● **フォーカス** ＝ 類：飲料用の容器　種差：大きい、取っ手がある

種差　　　類　　　　　種差

TS A mug is a big drinking cup with a handle.

「トピック」　　「フォーカス」

（マグカップは取っ手のついた大きな飲料用の容器です）

類：飲料用の容器

種差1：
大きい、取っ手がついた
＝
マグカップ

・・・・・

種差3：
ガラス製、足つき
＝
シャンパングラス
ワイングラス

・・・・・

種差4：
小さい、取っ手がついた
＝
デミタスカップ

種差2：
お椀形、取っ手がない
＝
カフェオレボウル

・・・・・

条件を付けることで
さまざまな種差が生じる

定義パラグラフの「フォーカス」には、「種差」を説明するために以下のような表現がよく使われます。（p.137参照）

定義・紹介パラグラフの「フォーカスによく使われる表現」

- 目的をあらわす表現：to ＋動詞, for ＋名詞（句）
- 手段をあらわす表現：by ＋動詞 -ing, with ＋名詞（句）
- 形容詞（関係詞）節：who, that, which, whose, when, where など
- 分詞：現在分詞（動詞 -ing） 過去分詞（動詞 -ed）

見極めよう！1

以下の文の中から、定義・紹介パラグラフのトピックセンテンスに適すると思われる文に〇をつけましょう。この場合、フォーカスは「とは何か」、「類と種差」をあらわします。

(　　) 1. A color wheel is used by some artists.

(　　) 2. Geography is the study of the earth's physical features.

(　　) 3. Eggnog is a sweet, thick drink made with milk, eggs and sometimes alcohol that people enjoy around Christmastime.

(　　) 4. A cigar is a rolled stick of dried tobacco leaves made for smoking.

(　　) 5. Mars is the fourth planet from the sun and Earth's neighbor in the solar system.

(　　) 6. Mount Everest is called Sagarmatha in the Nepali language and Chomolungma in Tibetan.

(　　) 7. A postcard is a message card that can be sent through the mail without an envelope.

(　　) 8. Police are the civil forces of city or national governments that are given the job of fighting crime and keeping public order.

(　　) 9. Space travel is so expensive that only wealthy people can try it.

解答・解説

1. ×　2. ○　3. ○　4. ○　5. ○　6. ×　7. ○　8. ○　9. ×

1. a color wheel の類・種差――つまり、「そもそも色相環とは何か？」が説明されていない。

6. 別の言語での名称を示しただけで、「エベレストとは何か？」の類・種差は説明されていない。

9. 「裕福な人だけが参加できる高いツアー」は、宇宙旅行に限られたことではなく、「宇宙旅行とは何か？」が説明されていない。

訳：1. 色相環は一部のアーティストに使われている　2. 地理学は地球の地形的特徴に関する学問である　3. エッグノッグは牛乳と卵、時にはアルコールも混ぜた甘くてとろみのある飲み物で、クリスマスの頃の定番ドリンクだ　4. 葉巻は喫煙目的で、乾燥したタバコの葉を巻いて棒状にしたものだ　5. 火星は太陽系において太陽から4番目、地球の隣に位置する惑星だ　6. エベレスト山はネパール語ではサガルマータ、チベット語ではチョモランマと呼ばれている　7. ハガキは封筒なしで郵送できるメッセージカードである　8. 警察は都市あるいは国家における市民のための実力組織であり、犯罪と戦い、公的秩序を守るのが責務である　9. 宇宙旅行はとてもお金がかかるので、富裕層しか手が出せない

 ポイント アドバイス　定義・紹介パラグラフに適したトピックセンテンスをもう一度読み、これから自分で書く時の参考にしましょう。

 見極めよう！2

次の定義・紹介パラグラフはトピックセンテンスが空欄になっています。タイトルと文章を読み、選択肢1〜3の中から、「フォーカス」が「類と種差」をあらわしているトピックセンテンスに○をつけましょう。（複数回答可）

Bubble Wrap

TS _____.

It is a clear plastic sheet that can be cut into different shapes. The air bubbles protect items from damage during shipping. The bubbles can easily be popped by pressing on them, and some people enjoy doing so to ease stress.

(　) 1. Bubble wrap has a lot of small air bubbles on its surface.

(　) 2. A packing material called bubble wrap has many air bubbles on its surface.

(　) 3. Bubble wrap is a type of packing material that has many small air bubbles.

1.× 2.○ 3.○ 1の「フォーカス」は、「種差：個別の特徴＝表面におびただしい数の気泡がある」のみで、「類：属するグループ＝包装材」であることが書かれていない。

訳：**気泡シート** 1.気泡シートは表面におびただしい数の気泡がある 2.気泡シートと呼ばれる包装材は表面にたくさんの気泡がある 3.気泡シートはたくさんの小さな気泡がある包装材の一種である／透明なビニールシートで、いろいろな形に切り分けることができる。気泡によって輸送中、品物がダメージを受けないよう保護される。気泡の粒々は押すとすぐにつぶれるので、ストレス解消につぶして楽しむ人たちもいる。

● トピックセンテンスを実際に作る

書いてみよう！

次のA、B各パラグラフについて、「トピック」「フォーカス」の日本語、タイトルとサポートの情報をもとに、トピックセンテンスを表現を変えて2つずつ書いてみましょう。p.127の「フォーカスによく使われる表現」も参考にしましょう。

A. **トピック** ＝ レインボーフラッグ

   フォーカス ＝ 類：旗　種差：LGBTQの個性を表す、レインボーカラーの

The Rainbow Flag

TS _____.

The flag usually includes bands of the rainbow colors – red, orange, yellow, green, blue and purple – from top to bottom. The colors represent acceptance of the many different kinds of gender identity.

B. **トピック** ＝ サンドイッチ

   フォーカス ＝ 類：食べ物（a food item）　種差：？（自分で考えよう）

A Sandwich

TS _____.

The original sandwich was named after the Earl of Sandwich in 18th-century England. He came up with the idea of a sandwich as a finger food while playing cards.

語注 acceptance: 受容　gender: 性、ジェンダー　identity: アイデンティティー

A.

1. The rainbow flag is a symbol of the LGBTQ identity social movement.
2. The rainbow flag is a flag that has the colors of the rainbow to represent the many different LGBTQ identities.

訳：**レインボーフラッグ** 1. レインボーフラッグは、LGBTQのアイデンティティーを求める社会運動のシンボルである　2. レインボーフラッグはLGBTQのさまざまなアイデンティティーを意味する虹色の旗である／旗は通常、虹色をあらわす赤、オレンジ、黄、緑、青、紫といった色で上から下まで帯状に彩られている。これらの色は多くの異なるタイプの性のアイデンティティーを受容することを意味している。

B.

種差：パンの間に肉や他の具を挟んで作られる

1. A sandwich is a food item made by placing meat or other contents between slices of bread.
2. A sandwich is a food item made of two or more slices of bread with meat or other contents between them.

訳：**サンドイッチ** 1. サンドイッチはスライスしたパンの間に肉やその他の具を挟んだ食品だ　2. サンドイッチは2切れ以上のパンの間に肉やその他の具を挟んだ食品だ／そもそもサンドイッチという名前は18世紀イギリスのサンドイッチ伯爵に由来している。伯爵は、トランプ遊びの最中に手で持って食べられるサンドイッチを考案したのである。

○ **解説**　一般的に考えれば分かるだろう。「肉やその他の具をパンの間に挟んだ」が種差。

Ⅲ サポートを作ろう

情報の選択は自分で！

● 定義・紹介パラグラフのサポートの内容

定義紹介パラグラフのサポートで説明される基本情報は、トピックによって変わり、自分で選択し決定する必要があります。

基本情報は、**5W1H**（**who**「だれ」、**what**「なに」、**when**「いつ」、**where**「どこで」、**why**「なぜ」、**how**「どのように」、**how** ＋形容詞・副詞「どのぐらい〜」）を中心に考えましょう。

● 同類の別の種差との違い：What is different from the others?

● 特性：What is a unique quality?

● 目的：Why (For what) and for who(m) is it used?

● 用途：How and how effective is it used?

● 慣習：What do people do? / What is done? / How is it done?

● 見た目の特徴や仕様：How does it look?

● 仕組み：How does it work? / How is it used?

● 起源・変遷：When, where, and why did it start? / Who started it?

● 特記事項：What extra information should readers know about the topic?

ポイントアドバイス

基本情報は、まんべんなくカバーしましょう。外見のみだと描写パラグラフに、起源・変遷のみだと時系列パラグラフになってしまいます。

● 定義・紹介パラグラフのサポートのアウトラインを考える

「論理の流れ」については、基本情報に優先順位をつけて、上から下に並べます。優先順位を決める基準は以下の2点です。

基準① 読み手が知るべき、また、書き手が読み手に伝えたい情報を、「**重要性がより高い**」ものから「**重要性がより低い**」ものへ、**優先順位を決めて**説明します。

> 重要性がより高い
> ↓
> 重要性がより低い

基準② 本質、もしくは本質に近い「**ベースの情報**」から、それをもとにする「**派生する情報**」の順に説明します。

例

> ベースの情報
> （特性：速乾性）
> ↓
> 派生する情報
> （用途：塗料に使われる）

> ベースの情報
> （起源：発明時のサイズ）
> ↓
> 派生する情報
> （変遷：小型化された）

ポイント アドバイス トピックについて全く知らない読み手の立場に立って、優先順位をつけましょう！

定義・紹介パラグラフの「論理の流れ」のモデル

伝えたい 優先順位の高い順

> **TS**
> ①
> ②
> ③
> ④

情報の内容や順番は、トピックやパラグラフの目的（何を一番に伝えたいか）によって、変わります。情報の順番は重要！

? 見極めよう！

次の未完成の定義・紹介パラグラフの①〜⑤に、選択肢 A)〜F) の中から正しい基本情報を選んで入れてパラグラフを完成させましょう。ただし選択肢には余分なものが1つ含まれています。

Super Eagle Kobe

● 定義
TS Super Eagle Kobe is the Kobe Fire Department's hyper rescue team.

● 起源
① 発隊（　）

② 目的（　）

● 他の種差との違い

③ 使用できる機材（　）

④ メンバー（　）

⑤ 制服（　）

トピック ＝ スーパーイーグルこうべ

フォーカス ＝ 類：神戸市消防局所属　種差：特別高度救助隊

A) It is sent to save lives when accidents and disasters occur in buildings, mountains, bodies of water and fires.
B) Super Eagle Kobe is permitted to use special equipment that other rescue teams are not allowed to use.
C) Members wear blue uniforms with "SUPER EAGLE KOBE" in capital letters on the back in yellow and red letters.
D) They enjoy training in their spare time.
E) The team was first established in April 2006.
F) Firefighters with great skills who receive special training in life-saving can join the team.

語注 rescue: 救助　hyper: 非常に活発な　disaster: 災害

第4章 ● 定義・紹介パラグラフ ● 基本編

解答・解説

①(E) ②(A) ③(B) ④(F) ⑤(C)

D) の「空いた時間にトレーニングを楽しんでいる」のは、Super Eagle Kobe の基本情報とは言えない。

訳：スーパーイーグルこうべ TS スーパーイーグルこうべは神戸市消防局の特別救助チームである E) 2006年4月に初めてチームが組まれた A) 建物、山岳地帯、水域や火気現場で事故や災害が起こった際、人命救助のために派遣される B) スーパーイーグルこうべは、他の救助チームでは許可されていない特殊装置の使用が許されている F) 人命救助の特別訓練を受け、傑出したスキルを持つ消防士がチームに加わることができる C) 隊員は背中に黄と赤で「SUPER EAGLE KOBE」と大文字で書かれた青い制服を着用している。

考えよう

以下は、アスベストの基本情報をランダムに並べたものです。これらを、「特性」（ベースの情報）から始め、「用途」〜「人体への影響」（派生の情報）〜「現状」で終わるように並べた上で、アウトラインを作りましょう。トピックセンテンスは「アスベストの定義」。

アスベスト

- **特性（　）**
繊維状に分解できる、熱と音と電気に耐性がある
fiber, can be separated, not damaged by heat, sound or electricity

- **人体への影響1（　）**
尖っている形状のせいで加工中や解体中に肺細胞に刺さる
due to its sharp shape, sticks into lung cells, when it is processed or removed

- **人体への影響2（　）**
容易には抜けない、肺ガンを引き起こす
cannot be removed easily, causing lung cancer

- **用途（　）**
かつて業務用の理想の材質
was once considered to be an ideal material, commercial use

- **用途例（　）**
築材や包装に使われた
was used for building materials, packing

- **現状（　）**
多くの国で使用禁止
has been banned, many countries

- **定義（　）**
針状の自然鉱物
needle-like solid mineral

語注 fiber: 繊維　cell: 細胞　process: 〜を処理する　remove: 〜を取り除く　cancer: ガン

トピック	= アスベスト

フォーカス	= 類：自然鉱物　種差：針状の

Asbestos

伝えたい優先順位の高い順

① **TS** 定義 ＿＿＿＿＿＿＿＿＿＿＿＿＿＿＿＿＿＿＿＿＿ .
②
③
④
⑤
⑥
⑦

解答・解説

①定義：needle-like solid mineral（針状の自然鉱物）

②特性：fiber, can be separated, not damaged by heat, sound or electricity（繊維、分解できる、熱、音、電気への耐性）

③用途：was once considered to be an ideal material, commercial use（かつて理想の材質として考えられていた、業務用）

④用途例：was used for building materials, packing（建築資材や包装材として用いられていた）

⑤人体への影響1：due to its sharp shape, sticks into lung cells, when it is processed or removed（その鋭い形状のおかげで、細胞に突き刺さる、処理や解体の過程で）

⑥人体への影響2：cannot be removed easily, causing lung cancer（［人体から］容易には取り除けない、肺ガンの原因となる）

⑦現状：has been banned, many countries（禁止されている、多くの国）

特性②をもとに、業務用の用途③と用途例④につながる。また用途③④が広まり、その過程で人体への影響⑤「刺さる」⑥「抜けずに」肺ガンにつながる。その結果、現状⑦の使用規制につながっている。

アウトラインから定義・紹介パラグラフを作る

作ったアウトラインをもとに「綿のような柔らかい繊維状に分解できる」「かつて安全だと思われていた」「壁や屋根の資材だった」という情報もさらに取り入れ、パラグラフを書くと、次のようになります。

Asbestos

① **TS** Asbestos is a needle-like solid mineral. ② It can be separated into soft fiber that looks like cotton, and it is not damaged by heat, sound or electricity. ③ Asbestos was once considered to be a safe, ideal material for commercial use ④ in building, especially walls and roofs, and in packing. ⑤ However, due to its sharp shape, asbestos sticks into lung cells when it is processed or removed. ⑥ It cannot be removed easily and damages cells, causing lung cancer. ⑦ Its use has now been banned in many countries.

訳：**アスベスト** ① **TS** アスベストは針状の自然鉱物である。 ②ばらばらにすると柔らかい綿状の繊維に分解され、かつ熱や音や電気によるダメージを受けない。 ③④アスベストはかつて、壁や屋根に特化した建築回りや包装など、業務用の安全で理想的な資材だと考えられていた。 ⑤しかしながら、その鋭い形状のおかげで、アスベストは処理や解体の過程で肺細胞に突き刺さってしまう。⑥容易には取り除けないので細胞を傷つけ、肺ガンを引き起こすのだ。⑦今や多くの国でアスベストの使用は禁じられている。

定義・紹介パラグラフのサポートに役立つ表現

定義・紹介パラグラフのサポートでは、トピックセンテンスと同様、「**とは何か**」をあらわす以下の4種類の表現を使い、さらに詳細な情報を伝えます。その使い方のコツを学び、「**とは何か**」を分かりやすく伝える定義・紹介パラグラフを書く練習をしましょう。

定義・紹介パラグラフの「**サポートによく使われる表現**」

目的をあらわす表現 　　　　　　　 形容詞(関係詞)節

手段をあらわす表現 　　　　　　　 分詞

● 目的をあらわす表現

(in order) to ＋ 動詞 (〜する目的で) と for ＋ 名詞 (句) (〜を得る目的で) は目的をあらわします。

- Many tourists visit supermarkets **(in order) to buy local products as gifts**.

　　　　　　　　　　　　　　　　　　to ＋動詞

  (お土産に土地の名産を買おうと多くの旅行者がスーパーマーケットを訪れます)

- Please visit our website **for details**.

　　　　　　　　　　　for ＋名詞

  (詳細はウェブサイトをご覧ください)

● 手段をあらわす表現

by ＋動詞 -ing (動名詞) (〜することによって) がよく使われます。

- The water was made safe for drinking **by forcing it through a filter**.

　　　　　　　　　　　　　　　　　　by ＋動詞 -ing

  (その水はフィルターを通すことによって、安全に飲めるようになっています)

第4章 ● 定義・紹介パラグラフ ● 基本編

137

カッコ内の語句が目的と手段のどちらをあらわすかを見極め、前置詞を加えたり単語の形を変えたりして、文を完成しましょう。

1. (correct information)
   When a disaster occurs, listen to the radio _____.

2. (stay healthy)
   One should change unhealthy eating habits _____.

3. (eat a certain amount of vegetables)
   One should change unhealthy eating habits _____.

（解答は p.140）

形容詞節（関係詞節）

形容詞節は、who、whom、that、which、where、when などの関係詞を伴い、先行詞である名詞を修飾します。

● Soccer is <u>a ball game</u>【that is played between two teams of 11 players by kicking a ball.】　（サッカーとは、11人から成るチーム2組がボールを蹴ってプレーする球技だ）

ポイントアドバイス ▶ 先行詞が特定されている場合、形容詞節は単なる追加情報を補うだけで挿入扱いとなるため、前後にカンマが必要です。

● The second Imperial Palace Hotel main building, 【which was designed by Frank Lloyd Wright】, survived the Great Kanto Earthquake.
　（第二帝国ホテルの本館は、フランク・ロイド・ライトが設計したものだが、関東大震災を耐えて残った）

先行詞の第二帝国ホテルはすでに特定されていて、カンマにはさまれた形容詞節は補足情報に過ぎません。

なお、トピックセンテンスでは、形容詞節の先行詞は「類」を、また形容詞節は「種差」を効果的に説明します。

● A witness is <u>a person</u>【who sees an accident or a crime】.
　　　　　　　先行詞＝類　　　　　　　形容詞節＝種差

（目撃者は事故か犯罪を目にした人のことだ）

● 分詞 (現在分詞 動詞 -ing と過去分詞 動詞 -ed)

分詞は、形容詞として名詞を後ろから修飾します。分詞句の前後のカンマは形容詞節と同様の規則が使われます。

- Diamond, 【**consisting** of pure carbon】, is the hardest natural mineral.
  現在分詞 　　　　　　　　　（ダイヤモンドは純粋な炭素でできており、最も硬い天然鉱物だ）

- Cheese is a dairy food 【**made** from milk】. 　　　（チーズは牛乳で作る乳製品だ）
  過去分詞

確認問題

カッコ内の単語を使って文を完成させましょう。文脈に合うように、動詞は指示に従って形を変えてください。

1. (TV programs, broadcast, where) 　形容詞節を使って
   A TV studio is a room _____ .

2. (take care, passengers, who, on an aircraft) 　形容詞節を使って
   A flight attendant is a crew member _____ .

3. (wear, in summer) 　分詞を使って
   A yukata is a traditional casual Japanese outfit _____ .

4. (connect, Honshu and Shikoku) 　分詞を使って
   The Seto-Ohashi Bridge is a series of six bridges _____ .

●目的・手段をあらわす表現

1. When a disaster occurs, listen to the radio for correct information.
   （災害が起こった際は、ラジオを聞いて正確な情報を入手してください）
   「正確な情報（名詞）」を目的としているので前置詞 for + 名詞。

2. One should change unhealthy eating habits (in order) to stay healthy.
   （健康でいるためには不健康な食生活は変えるべきだ）
   「健康を保つ（動詞）」を目的としているので to + 動詞。

3. One should change unhealthy eating habits by eating a certain amount of vegetables. （野菜をある程度食べて、不健康な食生活を変えるべきだ）
   「野菜食べることで」と手段をあらわしているので by 動詞 -ing。

●形容詞節と分詞

1. A TV studio is a room where TV programs are broadcast.
   （TV スタジオは TV 番組が放送される部屋である）

2. A flight attendant is a crew member who takes care of the passengers on an aircraft. （客室乗務員とは飛行機の乗客の世話をする乗組員のことである）

3. A yukata is a traditional casual Japanese outfit worn in summer.
   （浴衣は夏に着用する日本の伝統的な普段着である）

4. The Seto-Ohashi Bridge is a series of six bridges connecting Honshu and Shikoku. （瀬戸大橋は本州と四国をつなぐ6つの橋の総称である）

読み手に優しい同格名詞

同格名詞は言い換えの名詞で、前後にカンマを伴って名詞の後に挿入されます。or を頭につけることもあります。

● This month, <u>Pablo Picasso</u>, a Spanish artist of the 20th century,
　　　　　　　　　名詞　　　　　　　　　　　　　　　同格名詞

　is featured in the museum.
　（今月、パブロ・ピカソ——20世紀のスペイン芸術家——が美術館で特集される）

● A tatami is a Japanese floor mat made from <u>igusa</u>, or Japanese rush.
　　　　　　　　　　　　　　　　　　　　　　　　名詞　　　　　同格名詞

　（タタミはイグサ——日本のrush——から作られた和製床マットだ）

固有名詞や英語以外の単語など、読者にとってなじみがないと思われる語句を紹介する場合、同格名詞を使って「それは何か」を直後に説明することで、読み手は疑問を持たずに読み進めることができます。

読み手目線に立って説明するように心掛けましょう！

書いてみよう！

「定義・紹介パラグラフのサポートに役立つ表現」を使って、日本の伝統的な祭りを定義・紹介するパラグラフの文を書いてみましょう。

【 深川八幡祭り 】

トピック ＝ 深川八幡祭り

フォーカス ＝ 類：祭り　種差：東京江東区の富岡八幡宮を祀る目的の、
　　　　　　　　毎年8月半ばの5日間にわたって開かれる

The Fukagawa Hachiman Festival

● 定義

TS The Fukagawa Hachiman Festival is a series of events ①＿＿＿＿
＿＿＿＿＿＿＿＿＿＿＿＿＿＿＿＿＿＿＿＿ , ②＿＿＿＿＿＿＿＿＿＿＿ .
＿＿＿＿＿＿＿＿＿＿＿＿＿＿＿＿＿

● 他の種差との違い

The festival is considered one of the three biggest Edo festivals held
in Tokyo, ③ which ＿＿＿＿＿＿＿＿＿＿＿＿＿ , or ④＿＿＿＿＿＿＿＿＿ .

・慣習（ベースの情報）

It is an annual festival, but it is celebrated as the main festival,
⑤＿＿＿＿＿＿＿＿＿＿＿ , with major events every three years.

・慣習（具体的な説明1）

The main mikoshi of the Tomioka Hachiman Shrine is drawn
throughout the town ⑥＿＿＿＿＿＿＿＿＿＿＿＿＿＿＿＿＿＿＿ .

・慣習（具体的な説明2）

The next day, during the Mizukake Matsuri, ⑦ or＿＿＿＿＿＿＿＿＿ ,
locals carry 53 mikoshi, ⑧＿＿＿＿＿＿＿＿＿＿＿＿＿＿＿＿＿＿＿ ,
and the crowds throw water on them ⑨＿＿＿＿＿＿＿＿＿＿＿＿＿＿＿
＿＿＿＿＿＿＿＿＿＿＿＿＿＿＿＿＿＿ .

前のページの①～⑨について、下にランダムに提示された表現を使って、文を完成させましょう。太字の動詞は、意味を考えながら適した形に変えましょう。

portable shrines
the Water Splashing Festival

honor the Tomioka Hachiman Shrine

represent each local area

feature parades of mikoshi

hold in mid-August over five days in Koto-ku, Tokyo

call Hon-Matsuri

bring blessings

relieve them of heat and to make their bodies pure

語注 blessing: 神の恵み relieve: ～をやわらげる

 同格名詞、「目的」をあらわす不定詞、直前の名詞の説明をしている現在分詞「～している」と過去分詞「～されている」、形容詞節（関係詞節）を文脈から見極めましょう！

● Exercise

① **held** in mid-August over five days in Koto-ku, Tokyo 「開催される」過去分詞

② **to honor** the Tomioka Hachiman Shrine 「目的」をあらわす不定詞

③ (which) **features** parades of mikoshi 形容詞節の動詞で、現在形

④ **portable shrines** 同格名詞

⑤ **called** Hon-Matsuri 「呼ばれる」過去分詞

⑥ **to bring** blessings 「目的」をあらわす不定詞

⑦ (or) the Water Splashing Festival, 同格名詞

⑧ **representing** each local area 「代表する」現在分詞

⑨ **to relieve** them of heat and to make their bodies pure 「目的」をあらわす不定詞

○ 解説 ①events に意味的に関連するのは hold（hold an event＝イベントを開く）。他動詞なので過去分詞 held が後ろから events を修飾する。②祭りの全体的な目的をあらわす言葉が入ると思われるので、honor ... を to 不定詞にする形がふさわしい。③は祭りの具体的な内容が入るので「神輿のパレードが主役になる」の feature ... がふさわしい。祭りが feature の主語かつ現在形なので features になる。④の直前の or は Mikoshi を同格名詞で表現する用法と推測されるので portable shrines が入る。⑤には the main festival を修飾する語句が入ると思われる。called Hon-Matsuri（本祭りと呼ばれる）となるのが自然。⑥は神輿を引き回す目的を表す語句が入ると推測されるので to 不定詞形の to bring blessings が正しい。⑦の or も当然、Mizukake Matsuri を同格名詞で表すスタイルとなるので、the Water Splashing Festival がくる。⑧は内容的に「地域を代表する」represent ... で、その主語は locals なので現在分詞の形をとる。⑨は水を浴びせかける目的が入るのが自然なので to 不定詞の形で to relieve ... となる。

The Fukagawa Hachiman Festival

TS The Fukagawa Hachiman Festival is a series of events ①held in mid-August over five days in Koto-ku, Tokyo, ②to honor the Tomioka Hachiman Shrine. The festival is considered one of the three biggest Edo festivals held in Tokyo, ③which features parades of mikoshi, or ④portable shrines. It is an annual festival, but it is celebrated as the main festival, ⑤called "Hon-Matsuri", with major events every three years. The main mikoshi of the Tomioka Hachiman Shrine is drawn throughout the town ⑥to bring blessings. The next day, during the Mizukake Matsuri, ⑦or the Water Splashing Festival, locals carry 53 mikoshi, ⑧representing each local area, and the crowds throw water on them ⑨to relieve them of the heat and to make their bodies pure.

訳：深川八幡祭り **TS** 深川八幡祭りは、富岡八幡宮を祀るために東京江東区で8月半ばに5日間にわたって催される一連の行事を指す。この祭りは東京で開かれる江戸三大祭りの一つとされており、中でも「神輿」、言ってみれば携帯用神社のパレードが主役である。祭りは毎年開催されるが、3年ごとに大きなイベントを伴う「本祭り」と呼ばれるメインの祭りとして挙行される。富岡八幡宮のメインの神輿は神の恩恵を賜るために町中を引き回される。翌日、「水かけ祭り」―水をはね散らすお祭りが執り行われるが、その祭りでは、地元の人々がそれぞれの地域を代表する53基の神輿をかついで運び、一方観衆は熱を避け担ぎ手の体を清めるために、担ぎ手に水を浴びせかける。

5種類のトピックについて、
キーワードやヒントを手掛かりにステップを踏みながら
自分でパラグラフを書いてみましょう。
課題が進むにつれて、手掛かりはだんだん少なくなっていきます。

参考情報も
活用しましょう

ライティング実践問題 ①

○ 海女を定義・紹介する

以下は、海女の基本情報を「重要度の高いと思われる順」に示しています。基本情報や
参考情報をもとに、日本独特の海女文化を紹介しましょう。

①定義
free diver, hunt for seafood,
using traditional techniques

②定義の補足
often suggests female divers,
originally, meant both male
and female divers

③潜水方法
must not, use, air tanks, can
stay under water, for a few
minutes, at a time

④採取方法と目的
hunt, fish and shellfish, using
sticks or hands, sell them for
their living

⑤場所
has developed, some Japa-
nese seaside cities, in Shima

語注　free diver: 素潜りのダイバー　shellfish: 甲殻類

○ 参考情報

● 昔は、Ama は主に男性を指していたが、現在は女性を指す場合が多い
● 空気タンク着用は規制されている
● 数分間潜る Ama もいる

○ Step 1　トピックセンテンスを考えよう！

トピックセンテンスを、表現を変えて2つ書いてみましょう。

トピック ＝ 海女

＋

フォーカス ＝ 類：素潜りダイバー（a free diver）
種差：伝統的な手法を使って海産物を採る

TS _____

TS _____

○ Step 2　サポートを考えよう！

基本情報を以下のように優先順位をつけて並べ、キーワードのみを書いてサポート用
のアウトラインを作りましょう。

伝えたい優先順位の高い順

Ama

① **TS** 定義 _____

②

③

④

⑤

ポイントアドバイス　本来は、自分にとって「重要度の高い情報」の順に並べます！

解答例は
見ないでね！

アウトラインを参考にしながら空欄を埋め、パラグラフを完成させましょう。さまざまな定義・紹介に役立つ表現を使ってみましょう。

Ama

① **TS** Ama are _____ .

② The term _____ , but originally, _____

_____ .

③ _____ by regulation, and some ama

_____ .

④ They hunt fish and shellfish _____

_____ .

⑤ Ama culture _____ ,

especially in Shima.

● **解答例・解説** ●

○ **Step 1** トピックセンテンスを考えよう！

- Ama are Japanese free divers who hunt for seafood using traditional techniques.
- Ama are Japanese free divers who use traditional techniques to get seafood.

（海女は伝統的な手法を使って海産物を採る日本の素潜りダイバーだ）

基本情報①〜⑤を読み手に伝えたい優先順位通りに並べるとアウトラインになります。

Step 3 パラグラフを書いてみよう！

Ama

① **TS** Ama are Japanese free divers who hunt for seafood using traditional techniques. ②The term often suggests female divers, but originally, it meant both male and female divers. ③Ama must not use air tanks by regulation, and some ama can stay under water for a few minutes at a time. ④They hunt fish and shellfish using sticks or their hands and sell them for their living. ⑤Ama culture has developed in some Japanese seaside cities, especially in Shima .

訳：**海女** ① **TS** 海女は伝統的な手法を使って海産物を採る日本の素潜りダイバーだ。②この言葉は女性のダイバーを指すことが多いが、元々は男女両方を指していた。③海女は空気タンクは装着できない規則になっており、中には一度に何分も潜っていられる海女もいる。④海女は棒状の道具や手を使って魚介を捕え、それを売って生計を立てている。⑤海女文化は日本の海沿いの都市で発展したが、特に顕著なのが志摩である。

解説 **Step 1** トピックセンテンスでは「海女」を定義する。よってトピックは「海女」。参考情報とキー表現から大きなグループの類は「素潜りダイバー」、さらにその中で特徴を絞り込む種差は「伝統的手法を使って海産物を採る」となるのでつなげて一文にする。

Step 2 本書での一例として重要度が高い順に海女の情報が書かれている。海女の活動内容の詳細が③④で示され、その後周辺情報が⑤で述べられている。基本情報のコンテンツをこのまま並べればアウトラインになる。書き手の主観で重要度は違ってくるので、もし海女文化が発達した地域について強調したければ、⑤の「場所」が②「定義の補足」の後に続くこともありうるだろう。

Step 3 海女の活動内容については主語はAmaや代名詞、時制は現在形。だが周辺情報等では主語も時制も異なってくる場合が多い。②の定義の補足では主語にterm（トピックを言い換えた言葉）などもよく使われる。⑤は海女の歴史に触れているので、現在完了形となる。who hunt for seafood、for their living など目的を表す表現を使う。

ライティング実践問題 ②

○ ボールペンを定義・紹介する

以下は、ボールペンに関する基本情報を示しています。基本情報や参考情報をもとに、最も利用されている筆記具であるボールペンを紹介しましょう。

ただし、①～③は「重要度の高い情報」が優先順に並べられ、④～⑦は「比較的重要度の低い情報」がランダムに並べられています。

①定義
with a rolling ball, set inside the metal tip, ink tube

②仕組み
rolls, transfers ink steadily, a writing surface, to make uniform lines

③適用範囲
the world's most-used writing instrument

④～⑦
(　　　) 発明
first invented in the United States, 1884

(　　　) 現代の使用法
high-quality ballpoint pen, with black or blue oil-based ink, recommended or required, for signing formal documents

(　　　) 現代の技術
modern ballpoint pens, apply advanced technologies, better-quality ink, many colors, available

(　　　) 改良
1938, Laszlo Biro, a Hungarian newspaper writer, thinck ink, to improve the ink drop, for commercial use

語注 ballpoint pen: ボールペン tip: 先端 tube:（液体を通す）管 transfer: ～を移す
uniform: 不変の document: 書類 apply: ～を適用する

○ 参考情報

- ボールペンはインク芯の先端の金属部分に埋め込んだ回転するボールにインクが付着し、紙に線が描けるという仕組み

150

○ Step 1　トピックセンテンスを考えよう！

トピックセンテンスを、表現を変えて2つ書いてみましょう。

| トピック | = ボールペン |

$+$

| フォーカス | = 類：筆記具　種差：インク芯の先端に回転するボールがある |

TS _____

TS _____

○ Step 2　サポートを考えよう！

基本情報を参考に、ボールペンの定義・紹介パラグラフの④〜⑦の順番を決め、キーワードのみを書いてアウトラインを作りましょう。

A Ballpoint Pen

伝えたい優先順位の高い順

① **TS** 定義 _____ .

②

③

④

⑤

⑥

⑦

ポイント
アドバイス
④〜⑦は「ベースの情報」と「周辺情報」の組み合わせ。正しい順番を考えましょう。

151

解答例は
見ないでね！

Step 2のアウトラインをもとに、さまざまな定義・紹介に役立つ表現を使ってパラグラフを書いてみましょう。

A Ballpoint Pen

TS _____

● 解答例・解説

○ **Step 1** トピックセンテンスを考えよう！

- A ballpoint pen is a pen with a rolling ball set inside the metal tip of its ink tube.
  （ボールペンはインク芯の先端の金属部分に回転するボールを埋め込んだペンだ）
- A ballpoint pen is a writing instrument that has a rolling ball inside the metal tip of its ink tube.
  （ボールペンはインク芯の先端の金属部分に回転するボールを埋め込んだ筆記用具だ）

○ **Step 2** サポートを考えよう！

①～⑦の情報を正しい順番に並べればいい。①～③はそのままで④以下は、

④ 発明　⑤ 改良　⑥ 現代の技術　⑦ 現代の使用法

A Ballpoint Pen

① **TS** A ballpointe pen is a pen with a rolling ball set inside the metal tip of its ink tube. ②The ball rolls and transfers ink steadily onto a writing surface to make uniform lines. ③The ballpoint pen is the world's most-used writing instrument. ④It was invented in the United States in 1884. ⑤In 1938, Laszlo Biro, a Hungarian newspaper writer, used thick ink to improve the ink drop and made it for commercial use. ⑥Modern ballpoint pens apply advanced technologies and better-quality ink of many colors is available. ⑦A high-quality ballpoint pen with black or blue oil-based ink is a recommended or required writing tool for signing formal documents.

訳：ボールペン ① **TS** ボールペンはインク芯の先端の金属部分に回転するボール（球）を埋め込んだペンである。②ボールは回転することで、書いている面にインクを絶え間なく転写し、安定した線を描くことができる。③ボールペンは世界で最も利用されている筆記用具である。④ボールペンは、1884年、米国で発明された。⑤1938年、ハンガリーの新聞記者ラズロ・ビーローがインク漏れを防ぐために粘着性のあるインクを用い、それを商品として売り出した。⑥現代のボールペンには進化したいくつもの技術が投入され、さまざまな色のより良質なインクが入手できるようになった。⑦正式な文書への署名には、油性の黒か青インクを詰めた高品質なボールペンを使うことが推奨または義務化されている。

解説 **Step 1** 「定義・紹介パラグラフ」では、自分があまり知らないことについて調べ、その結果得られた日英語混合の断片的な情報を整理しながら書くケースが多い。このパラグラフもその典型と言えるだろう。トピックは「ボールペン」、フォーカスの類は「筆記具」、種差は基本情報と参考情報から「インク芯の先端に回転ボールがある」。「筆記具」は pen でもよいが、writing instrument として重複を避けてもよい。

Step 2 重要度の高い順に基本情報の英語を並べる。①〜③は重要度の高い順なのでこのまま。④以下は、書き手の主観から優先順位を決めていけばよい。ここでは、発明された当時から現在にかけて、ボールペンの技術や使われ方の変遷を順に述べる意図で、④発明→⑤改良（④から派生）→⑥現代の技術→⑦現代の使用法（⑥からの派生）という順。もし、歴史的側面を補足情報にしたいなら、「発明」「改良」を最後にもってくるという流れも考えられる。

Step 3 ボールペンの性能や種類についての主語は ballpoint pen や代名詞の場合が多い。時制は現在形。④⑤の歴史的な経緯になると主語が異なる場合もあり、時制は過去形となる。set inside（過去分詞で後ろから修飾）、to make uniform lines、to improve the ink drop（目的を表す不定詞）、for signing formal documents（for＋動名詞で目的を表す）、Laszlo Biro, a Hungarian newspaper writer（同格名詞）などの表現を使えるようにしたい。

○ こいのぼりを定義・紹介する

以下は、日本の伝統文化の「こいのぼり」の基本情報の項目をランダムに示しています。情報を正しい順に並べ、日本独自の伝統文化である「こいのぼり」を海外に発信しましょう。

(①) 定義

日本の伝統、鯉の形、のぼり

( ) 起源

江戸時代、武士階級

( ) 飾る：目的

男の子、成長、成功、願う

( ) こいのぼりのいわれ2

中国の故事にまつわる、コイが龍になる

(②) 飾る：様式

伝統的には、一そろい、庭に飾る、1週間、こどもの日

( ) こいのぼりのいわれ1

成功の象徴

○ 参考情報

• 「こいのぼり」は、江戸時代に武士階級の間で広まった
• 中国の故事では、鯉が「龍門」という滝を登り切ると龍になるといわれている

キー表現（出てくる順）

tube wind sock, a fish swimming in the air, a full set, in the yard, during the week, before Children's Day on May 5, boys' healthy growth and success, the practice, the samurai class, the Edo era, considered, a symbol of success, based on, a very old Chinese tale, a dragon, after swimming up a waterfall, called the Dragon Gate

語注 dragon: 龍 waterfall: 滝

○ Step 1　トピックセンテンスを考えよう！

トピックセンテンスを、表現を変えて2つ書いてみましょう。

| トピック | = こいのぼり |

＋

| フォーカス | = 類：のぼり、吹き流し　種差：日本伝統の、鯉の形の、空を魚が泳ぐような |

TS _____

TS _____

○ Step 2　サポートを考えよう！

「こいのぼり」の基本情報とキー表現を参考に、キーワードのみを書いてサポート用の
アウトラインを作りましょう。

Koi-Nobori

伝えたい優先順位の高い順

① **TS** 定義 _____ .

②

③

④

⑤

⑥

ヒント！　②と③、⑤と⑥は1つにまとめましょう。

解答例は
見ないでね！

Step 2のアウトラインをもとに、さまざまな定義・紹介に役立つ表現を使ってパラグラフを書いてみましょう。

Koi-Nobori

TS _____

/ ● **解 答 例** ● /

○ **Step 1** トピックセンテンスを考えよう！

- A koi-nobori is a traditional Japanese carp-shaped tube wind sock, flown like a fish swimming in the air.
- A koi-nobori is a traditional Japanese wind sock that is shaped like a carp and flown like a fish swimming in the air.

（こいのぼりは日本に昔から伝わっている鯉の形を模した筒状の吹き流しで、空を魚が泳ぐようにたなびくものである）

○ **Step 2** サポートを考えよう！

① **TS** 定義
② 飾る：様式　a full set, in the yard, during the week, before Children's Day on May 5,
③ 飾る：目的　boys' healthy growth and success
④ 起源　the practice, the samurai class, the Edo era,
⑤ こいのぼりのいわれ1　considered, a symbol of success
⑥ こいのぼりのいわれ2　based on, a very old Chinese tale, a dragon, after swimming up a waterfall, called the Dragon Gate

---

Koi-Nobori

① **TS** A "koi-nobori" is a traditional Japanese carp-shaped tube wind sock, flown like a fish swimming in the air. ②Traditionally, a full set of koi-nobori is displayed in the yard during the week before Children's Day on May 5③to wish boys' healthy growth and success. ④The practice began among the samurai class in the Edo era. ⑤A carp was considered to be a symbol of success, ⑥based on a very old Chinese tale in which a carp becomes a dragon after swimming up a waterfall, called the Dragon Gate.

訳：こいのぼり ①こいのぼりは日本に昔から伝わっている鯉の形を模した筒状の吹き流しで、空を魚が泳ぐようにたなびくものである。②③伝統的なこいのぼりは、人々はひとそろいを5月5日の子供の日までの1週間庭に飾り、男子の健やかな成長と立身出世を願う。④この風習は江戸時代に武士階級から始まった。⑤⑥鯉は成功の象徴と信じられていたが、これは鯉が龍門と呼ばれる滝を登り切ると、龍になるという中国の故事にまつわるものである。

解説 **Step 1** 日本の風物を紹介するのにこのパラグラフはよく使われる。トピックは「こいのぼり」。一般常識から、フォーカスの類は「のぼり、吹き流し」、種差は「日本の伝統的な」「鯉の形をした」と考えられる。過去分詞が後ろから修飾する表現を使った flown like a fish swimming in the air など、読み手が視覚的イメージを持てるような情報も入れたい。

Step 2 まず、②～⑥を適切な順に並べる。②「飾る様式」③「飾る目的」とこいのぼりの「現在の慣習」のあと、「その慣習がいつ・なぜ始まったのか」という順に④「起源」⑤⑥「こいのぼりのいわれ1＆2」の順で説明される。あるいは⑤⑥「鯉は～という理由で成功のシンボルと言われていて」の後に④「そのこいのぼりの慣習は江戸時代に広まった」という順でもよい。

Step 3 こいのぼりにまつわる日本人の慣習やいわれなど、さまざまな話題が続くので、最初の定義以外で無生物のこいのぼりが主語になることはあまりない。時制は①～③については現在形、起源や故事について言及している④～⑥は過去形にする。is displayed、wish、began、becomes など動詞は適宜補って文を完成させよう。また、②③は文を分けてもよいが、ここでは目的の to 不定詞を使って、一文にしている。flown like（過去分詞で後ろから修飾）、to wish（目的の to 不定詞）、in which a carp becomes（関係代名詞）などの表現が使える。called the Dragon Gate は後ろから過去分詞で修飾している。

○ 柴犬を定義・紹介する

以下は、柴犬の基本情報①～⑧をランダムに示しています。正しい順に並べ、日本固有種の柴犬を定義・紹介するパラグラフを書いて、柴犬の魅力を紹介しましょう。

(①) 定義
国の天然記念物、日本固有種

( ) 性格的特徴2
時には、扱いづらい、好戦的

( ) 起源・変遷1
縄文時代から

( ) 起源・変遷2
猟犬として使われていた

( ) 性格的特徴1
一般的に、独立心がある、我慢強い

( ) 身体的特徴1
個々の特徴、しっぽと毛

( ) 身体的特徴3
毛色、茶色、黒色、白色、混合色

( ) 身体的特徴2
巻き方、左巻き、右巻き、二重巻き
など

○ 参考情報

● 縄文時代から縄文柴犬（猟犬）として存在していた ● 最も際立っている個々の特徴は尻尾と毛 ● 性格は、自立していて我慢強いが、扱いづらく好戦的な一面もあり傷害事件になることもある

キー表現（出てくる順）
dog breed, Natural Monument of Japan,
existed, the Jomon period, known as Jomon Shiba, used as hunting
dogs, most visual individual differences, tails and fur, various types,
of curled tails, double curled, mixed, generally independent, patient,
difficult to handle, slightly violent, causing injury in some cases

語注 breed: 種属 monument: 記念物 individual: 独特な

○ **Step 1** トピックセンテンスを考えよう！

「フォーカス」を考え、表現を変えてトピックセンテンスを2つ書いてみましょう。

トピック ＝ 柴犬

＋

フォーカス ＝ 類：＿＿＿＿＿＿＿＿＿＿＿＿　種差：＿＿＿＿＿＿＿＿＿＿＿＿

TS ＿＿＿＿＿＿＿＿＿＿＿＿＿＿＿＿＿＿＿＿＿＿＿＿＿＿＿＿＿＿

TS ＿＿＿＿＿＿＿＿＿＿＿＿＿＿＿＿＿＿＿＿＿＿＿＿＿＿＿＿＿＿

○ **Step 2 & 3** サポートを考え、パラグラフを書いてみよう！

「柴犬」の基本情報の優先順位を自分なりに決め、キー表現も参考に、キーワードのみを書いてサポート用のアウトラインを作りましょう。それをもとに、パラグラフを書いてみましょう。

The Shiba Inu

TS 定義＿＿＿＿＿＿＿＿＿＿＿＿＿＿＿＿＿＿＿＿＿＿ .

伝えたい優先順位の高い順

解答例・解説

Step 1 トピックセンテンスを考えよう！

フォーカス＝類：日本固有犬の一種　種差：天然記念物に指定されている

- The Shiba Inu is a Japanese dog breed that has been listed as a Natural Monument of Japan.
- The Shiba Inu is a type of Japanese dog that has been listed as a Natural Monument of Japan.

（柴犬は日本固有犬で、天然記念物に指定されている）

Step 2 & 3 サポートを考え、パラグラフを書いてみよう！

The Shiba Inu

① **TS** The Shiba Inu is a Japanese dog breed that has been listed as a Natural Monument of Japan. ② Shiba Inu already existed during the Jomon period, and those dogs are now known as Jomon Shiba. ③ They were used as hunting dogs. ④ The most visual individual differences are their tails and fur. ⑤ They have various types of curled tails, such as left curled, right curled or double curled. ⑥ The color of their fur can be brown, black, white or mixed. ⑦ Shiba Inu are generally independent and patient. ⑧ However, they can sometimes be difficult to handle and slightly violent, causing injury in some cases.

訳：柴犬　① **TS** 柴犬は日本固有犬で、天然記念物に指定されている。②柴犬は縄文時代にすでに存在していて、今は縄文柴として知られている。③縄文柴は猟犬として使われていた。④柴犬の最も際立っている外見の特徴は、そのしっぽと毛並みだ。⑤しっぽの巻き方については左巻き、右巻き、二重巻きなどいろいろなタイプがある。⑥毛色には、茶色、黒色、白色、混合色がある。⑦柴犬は一般に独立心があり、我慢強い性格だ。⑧しかし、時として扱いにくく少し好戦的な性格もあるので、傷害事件になることもある。

解説　**Step 1** トピックは「柴犬」。基本情報からフォーカスの類は「日本固有犬」、種差は「天然記念物に指定されている」。犬の世界ではまず「犬種」が大きなくくりである。listed は registered も使われる。that has been listed（形容詞節）を使って種差をあらわしている。

Step 2 & 3 まず、②〜⑧を適切な順に並べる。①定義からの自然な流れとして、②③「起源・変遷」がくる。身体的特徴と性格的特徴では、外見からキャッチしやすい身体的特徴の情報の方が先にくる。キー表現の流れにもあるが、まずは④ most visual individual differences は tail と fur だと、外観について全体的にとらえる。そこから⑤ tail、⑥ fur の順に紹介する。次は⑦⑧性格的特徴だが、まず一般的な (generally) 特徴を述べてから、時折 (sometimes) 出てくる性格を紹介する、という順で説明される。

Step 3 柴犬の起源、身体的・性格的特徴について紹介しているので、トピックセンテンスも含めてほとんどShiba Inuと代名詞、あるいはその一部が主語となる。なお、1つの「種」としての柴犬は単数扱いだが、尾や毛並みにさまざまな特徴を持つ柴犬の集団ととらえる場合には複数扱いになることに注意しよう。時制は②③起源については過去形を使う。①の定義や④～⑧のそのほかの特徴については現在形。⑤⑥の尾や毛色の説明で、複数の可能性をあらわす場合の列挙の仕方も覚えておこう (a, b, c or d)。最後の…, causing injury in some cases は結果をあらわす分詞構文で「…の結果、多くの傷害事件を引き起こしている」となる。they can ... be difficult ... and cause injury in some cases と単純に並列するよりも文にリズムができて、因果関係もよくわかる。

○ 「オタク」という用語の定義と紹介

以下に日本発祥の言葉「オタク」の基本情報①〜⑤がランダムに示されています。正しい順に並べ、この用語を解説する定義・紹介パラグラフを書いてみましょう。

（　　）定義
人々をあらわす総称
カタカナで書かれる
ある分野に強い興味を持つ
社交活動やファッショントレンド
　　にはほとんど関心がない

（　　）特記事項
日本のポップカルチャーの海外進出
　　で広まる
英語の辞書にも掲載

（　　）語源
「お宅」
呼びかけの「丁寧な言い方」

（　　）定義の広義
敬意を込めて使われることもある
探求を続ける人
豊富な知識
革新的なアイデアや物を生み出す

（　　）発祥
1980年台
コミックマーケットで
漫画好きの間
二人称として使われる
主に漫画、ゲーム、コンピューター
　　の熱狂的愛好家の通称

キー表現（アルファベット順）
a general term, a label, a polite form of address, a strong passion,
appeared in English dictionaries, eager fans, Japanese pop culture,
respect, social activities

語注 address: 呼びかけ

○ Step 1 トピックセンテンスを考えよう！

「フォーカス」を考え、表現を変えてトピックセンテンスを2つ書いてみましょう。

● トピック ●	= オタク

＋

● フォーカス ●	= 類: _____		種差: _____

TS _____

TS _____

○ Step 2 & 3 サポートを考え、パラグラフを書いてみよう！

「オタク」の基本情報の優先順位を自分なりに決め、キー表現も参考に、キーワードのみを書いてサポート用のアウトラインを作りましょう。それをもとに、パラグラフを書いてみましょう。

Otaku

TS _____

伝えたい優先順位の高い順

○ Step 1 トピックセンテンスを考えよう！

トピック＝カタカナで書かれたオタク

フォーカス＝類：人の総称　種差：特定の分野に強い興味を持ち、社交活動やファッション
　　　　　　トレンドに興味を持たない

- "Otaku," written in the Japanese alphabet called katakana, is a general term for people who have a strong passion for a certain thing and have little interest in social activities or fashion trends.
- "Otaku," written in the Japanese alphabet called katakana, means people who show a strong interest in a certain thing and are not interested in social activities or fashion trends.

（カタカナという日本語の文字で綴る「オタク」という言葉は、ある分野に強い興味を持つが、社交活動やファッショントレンドにはほとんど関心のない人々の総称である）

○ Step 2 & 3 サポートを考え、パラグラフを書いてみよう！

Otaku

① 定義 **TS** "Otaku," written in the Japanese alphabet called katakana, is a general term for people who have a strong passion for a certain thing and have little interest in social activities or fashion trends.

② 定義の広義 The term can also be used to describe with respect those who apply a great deal of knowledge to whatever they are interested in to create new, unique ideas or products.

③ 語源 Otaku, meaning "your house," is a polite form of address.

④ 発祥 It is believed that during the 1980s, "otaku" was used among manga lovers to address each other as "you" at the Comic Market, a fan-fiction book fair, and it became a label for these eager fans of, mainly, manga, games and computers.

⑤ 特記事項 As Japanese pop culture became more popular, the word "otaku" began to be known around the world and has even appeared in English dictionaries.

訳：**オタク**　①**定義**：カタカナという日本語の文字で綴る「オタク」という言葉は、ある分野に強い興味を持つが、社交活動やファッショントレンドにはほとんど関心のない人々を指す総称である。②**定義の広義**：この言葉は、分野を問わず自分の関心事について膨大な知識を持ち、そこから革新的なアイデアや物を創造する人々を、敬意を込めて

言い表す際にも使われる。③**語源**：「あなたの家」を意味する「オタク」は、呼びかけの丁寧な言い方である。④**発祥**：一説には、1980年代、同人誌即売会コミケに集まった漫画好きな人々が互いを呼び合うのに「オタク」が用いられ、それが主に漫画、ゲーム、コンピューターのマニアたちへの呼称となった。⑤**特記事項**：日本のポップカルチャーの人気が高まるにつれて、「オタク」という言葉も世界的に知られるようになり、英語の辞書にまで登場することとなった。

○ 解説　**○ Step 1**　トピックは「オタク」。基本情報と一般常識から、フォーカスの類は「人に対する総称」、種差は「特定の分野に強い興味を持ち、社交やファッションにほとんど関心のない人たち」。また、日本語由来の言葉そのものの紹介なので、少々長くなるが、written in the Japanese alphabet called katakana のような説明を入れると、読者にとってより親切だ。

○ Step 2 & 3　まず、サポート部分の項目の順番を決める。定義の後には、定義を押し広げる「定義の広義」が来るのが自然だろう。論の広げ方は書き手の主観で決めていいが、言葉の紹介なのでここは「語源」から「発祥」、そして最後に「特記事項」で締める。

主語についてはほとんどが otaku、それを言い換えた代名詞、the term、the word などだが、「発祥」といった話が広がる事項についてはその限りではない。また時制はほぼ現在形だが、「発祥」「特記事項」は過去について言及しているので過去形や現在完了形も使われる。written in the Japanese ...（過去分詞で後ろから修飾）、meaning "your house"（現在分詞で後ろから修飾）、people who have a strong passion ...、those who apply、whatever they are ...（関係代名詞）、to describe、to create、to address（目的の to 不定詞）、the Comic Market, a fan-fiction book fair（名詞の同格）などの表現が使える。また、④の「発祥」など、諸説ある話題については、It is believed that ... という書き方で正確を期した方がよいだろう。

好きなトピックで　　自由に書いてみましょう！

●まだまだある、定義・紹介パラグラフのトピック

およそ百科事典に載っているようなことは全て対象になるのです。

その中から自分が興味を持ち、人に紹介したくなるような話題を人、物、事象、言葉などから選んで、書いてみましょう。

パラグラフ作成の流れ

①トピックとフォーカスを定める
　　　↓
②必要なキーワードを書き出してサポート用のアウトラインを作る
　　　↓
③パラグラフを書く

日本紹介のトピック例

◆行事や祭り（はだか祭り、年越しそば、花見、ホワイトデー、成人式…）

◆食べ物（カレー、カップラーメン、コンビニ弁当、くさや、きりたんぽ、懐石料理…）

◆文化（アニメ、スーパー歌舞伎、大河ドラマ、忍者、相撲、温泉…）

◆言葉（もったいない、積ん読、森林浴、バクバク[擬音]、わびさび…）

◆人・職業（皇族、官房長官、将棋棋士、ひな鑑別師、お笑い芸人…）

◆その他社会関連、物など

第5章

理由付けパラグラフ

「なぜそうなったのか、そうなっているのか」
「なぜそうすべきなのか」と
理由を説明するパラグラフです。
読む人を納得させるために、
一文一文の役割をしっかり考え、
緻密に組み立てなければなりません。
キーワードは「論理展開図」！

Basic Stage (I) 理由付けパラグラフとは?

論理展開図を
うまく作って!

● 理由付けパラグラフで説明できること

理由付けパラグラフは、「主張や事象」が「なぜ、どうしてそうなっているのか、そうするべきなのか」と「理由」を論理的に説明するパラグラフです。

企画趣旨、商品説明などで人を説得・勧誘する場合や、報告書などで現象や出来事の原因を分析・提示する場合など、日常やビジネスでとてもよく使われているパラグラフの1つです。

トピックセンテンスで主張や現象を述べ、続くサポートでその理由付け（理由と裏付け情報）が展開されます。

❓ 考えよう

次のトピックのうち、理由付けパラグラフで説明できるものに○をつけましょう。

1. 事故の原因 ……………………………… （　　）
2. 富士山の紹介 …………………………… （　　）
3. 冷夏になった理由 ……………………… （　　）
4. 就職の動機 ……………………………… （　　）
5. 新プロジェクトの企画趣旨 …………… （　　）
6. 試合の勝因 ……………………………… （　　）
7. インカ帝国が滅びたわけ ……………… （　　）
8. 温暖化がもたらす影響 ………………… （　　）

❗ 解答・解説

1.○　2.×　3.○　4.○　5.○　6.○　7.○　8.×
2と8以外はすべて該当する。2は「定義・紹介」、8は「理由」ではなく「結果」を説明するトピックだ。

● 理由付けパラグラフのモデル

理由付けパラグラフにはさまざまな情報が含まれます。どんな種類の情報なのか、次の問題を解きながら見てみましょう。

考えよう

以下は、寝具メーカーの研究チームが、理由①、②を挙げて「生地Aは新しいブランケットに適していない素材だ」と結論付けた報告書の抜粋です。下のA) B) の各パートが、どちらの理由に関連しているかを選び、（　　）の中に書き込みましょう。

Report on Cloth A

TS After a number of experiments, our research team has decided that Cloth A, a recently invented type of cloth, cannot be used for our new blanket.

① The cloth feels much rougher after only one washing.

（　　）

② In addition, there is a problem with the dye.

（　　）

Therefore, the quality of the cloth needs to be improved before it can be used as a blanket.

A) The cloth becomes 25 percent smaller after washing, making its surface harder. The rough feeling of the cloth makes it not good for sleeping.

B) Even after repeated washing, the dye continues to run.The dye can color the walls of a dryer and does not come off easily.

語注 dye: 染料　run: (染料などが) 落ちる

 解答・解説

①（Ａ）②（Ｂ）

cloth Aが新商品に適さない2つの「理由」が、①「1回洗っただけで布の感触の質が下がる」と②「染料に問題がある」。A）は①の「感触の質が下がった原因と経緯」の説明。洗うと布が縮んで布がゴワゴワになる→だから寝苦しくなる、という流れ。B）は②「染料にどのような問題があるのか」の説明。何度洗っても色落ちする→落ちた染料が乾燥機につく、という流れ。

完成したパラグラフ
正しい順に並べるとこうなります

Report on Cloth A　　トピックセンテンス〈TS〉Topic Sentence

TS After a number of experiments, our research team has decided that Cloth A, a recently invented type of cloth, cannot be used for our new blanket. ① The cloth feels much rougher after only one washing. A) The cloth becomes 25 percent smaller after washing, making its surface harder. The rough feeling of the cloth makes it not good for sleeping. ② In addition, there is a problem with the dye. B) Even after repeated washing, the dye continues to run. The dye can color the walls of a dryer and does not come off easily. Therefore, the quality of the cloth needs to be improved before it can be used as a blanket.

まとめ Conclusion

サポート Support

訳：生地 Aに関する報告　**TS** 数多くの実験を重ねた結果、われわれ研究チームは先ごろ開発された生地Aタイプが新しいブランケットには適していないと結論付けた。①生地は1回洗っただけで肌触りが格段に悪くなる。　A）洗うと25％縮み、その結果表面はよりゴワゴワする。生地の肌触りが悪いと寝ていて心地よくない。②その上、染料にも問題がある。B）何度洗っても染料の色落ちが止まらない。乾燥機の中の表面に染料の色が付いてしまい、なかなか落ちない。／よって、この布をブランケットとして用いるには、まず品質を高めることが必須である。

○ 理由付けパラグラフのトピックセンテンスとは？

トピック ＝ 生地 A

＋

フォーカス ＝ ブランケットには適さない素材である

↓

トピックセンテンス TS

＝「生地 A」は「ブランケットには適さない素材である」

「フォーカス」はトピック「生地 A」に関する主張を明示します。

TS Cloth A, a recently invented cloth, cannot be used for our new blanket.

「トピック」　　　　　　　　　　　　　　「フォーカス」

○ 理由付けパラグラフのサポートとは？

サポート

サポートは「フォーカス」（主張・現象）の理由を論理的に説明します。
通常、理由は①「布の感触の質が下がる」②「染料に問題がある」など複数提示しますが、それぞれの理由について、それを裏付ける事例や考察などが示されます。①はA）、②はB）がそれに当たります。それらが明確に説得力をもって提示されていれば、そのサポートは論理的に説明されている、と言えるわけです。

理由付けパラグラフのポイント！

1. 「フォーカス」が主張・現象を明示する
2. 「サポート」は、「フォーカス」の理由を論理的に説明する

II トピックセンテンス（TS）を作ろう 一文だけど超重要!

● 理由付けパラグラフのTSのフォーカスを作るコツ

このパラグラフのトピックセンテンスの「フォーカス」は、「主張や現象」を表し、読み手に「なぜ？」と興味を持たせなければなりません。次の例を見てみましょう。

トピック = 格安航空

フォーカス = 近年、人気が出ている

 **TS** Discount airlines have become popular in recent years.

「トピック」　　　　　　　「フォーカス」　　（近年、格安航空がはやっている）

 トピックセンテンスをWhy（なぜ）で始まる疑問文に変えてみましょう。

Why have discount airlines become popular in recent years?

変えた疑問文「なぜ～？」が読み手に「理由を知りたい」と興味を持ってもらえるような内容の文になっていれば、それはよい理由付けパラグラフのトピックセンテンスと判断できます。読み手の志向を考慮して最適化を目指しましょう。

次のトピックセンテンスは、同じ「トピック」と「フォーカス」をあらわしています。表現のバリエーションに注目してみましょう。

More people have chosen discount airlines in recent years.

「フォーカス」　　　　　「トピック」　　　　「フォーカス」

理由付けパラグラフのトピックセンテンス
読み手に「なぜ」と考えさせよう！
⇨⇨いいTSかどうかはWhy～で始まる疑問文に転換すれば分かる

見極めよう！1

以下の文の中から、理由付けパラグラフのトピックセンテンスに適すると思われる文に〇をつけましょう。読み手に「なぜ？」と考えさせるかどうかが見極める際の決め手です。

(   ) 1. The Happy chain of 100-yen stores will double its number of locations this year.
(   ) 2. The parking brake kept the car from moving down the hill.
(   ) 3. Each house on the street has a number sign.
(   ) 4. Every company should prepare a business plan.
(   ) 5. Plastic trash in the oceans is a serious problem.
(   ) 6. Although the internet is very useful, everyone should be aware of its dangers.
(   ) 7. Swimming is an excellent form of exercise for older people.
(   ) 8. When one tissue is pulled from the box, another one pops up to take its place.

語注 location: 店舗　plastic: プラスチックの　trash: ゴミ　tissue: ティッシュペーパー

解答・解説

1.〇　2.×　3.×　4.〇　5.〇　6.〇　7.〇　8.×

2.「ブレーキのおかげで落ちずにすんだ」と文中に「理由」をはらんでおり、さらなる理由付けは必要ない。

3. 共通の自明の事実に関して、通常理由付けは求められない。

8. 物理的に当たり前の事象なので、理由付けは求められない。

訳：1.100円ストア、ハッピーチェーンは今年、店舗数を2倍に増やす予定だ　2.ブレーキを引いたおかげで車が坂から滑り落ちずにすんだ　3.通りの各戸に番地を示す表札が揚げられている　4.どの企業もビジネスプランを用意するべきだ　5.海中のプラスチックゴミは深刻な問題だ　6.インターネットはとても役に立つが、誰もがその危険性に十分留意すべきだ　7.水泳はお年寄りにとってみれば優れた運動スタイルだ　8.ティッシュを箱から1枚取り出すと、すぐにその後もう1枚飛び出してくる

第5章 ● 理由付けパラグラフ ● 基本編

次の理由付けパラグラフはトピックセンテンスが空欄になっています。タイトルと文章を読み、選択肢1～3の中から、「主張・現象」を表しているトピックセンテンスに〇をつけましょう。

Train Delay

TS _____.

A large balloon was stuck in the middle of a 3-kilometer train tunnel. While staff walked through the tunnel to reach the area and remove the balloon, trains in both directions had to be stopped for an hour. Because of this event, the Hokkai Line was not on time for the rest of the day.

(　) 1. A balloon stopped the Hokkai Line this morning.

(　) 2. This morning, the Hokkai Line was delayed due to a balloon on the line.

(　) 3. The Hokkai Line runs along the coast.

 解答・解説

1.〇　2.〇　3.×

3.「フォーカス」の「海岸に沿って走っている」は事実の記述のみで、裏付けが必要となるような主張・現象ではない。

訳：電車の遅延　全長3キロのトンネルの真ん中に大きな風船が貼り付いた。スタッフがトンネル内を歩いてその地点にたどり着き風船を取り除く間、上下線とも1時間運行が停止した。この出来事のおかげで、北海ラインのダイヤは終日乱れた。1. 今朝、風船が北海ラインを止めた　2. 今朝、北海ラインは路線上の風船が原因で遅れた　3. 北海ラインは海岸沿いを走っている

● トピックセンテンスを実際に作る

💡 書いてみよう！

次のA・B各パラグラフについて、タイトルとサポートの情報をもとに、トピックセンテンスを表現を変えて2つずつ書いてみましょう。

A. **トピック** ＝ 東北地方の今夜の天気

フォーカス ＝ 雨で、寒くなる

The Weather Tonight

TS _____.

A cold front over the Japan Sea is now moving east and will be passing through the Tohoku region this evening. The developing front will bring heavy rain, and due to the cold air, the highest temperature will drop to 12 degrees C tonight, eight degrees lower than yesterday.

語注 front: 前線

B. **トピック** ＝ Golden Ocean Line Cruise

フォーカス ＝ ？（自分で考えよう）

Golden Ocean Line Cruise

TS _____.

Golden Ocean Line cruise ships provide senior passengers with services designed just for them. Many rooms have wider doors and other features designed for wheelchair users. There is also a medical center with expert senior care staff. In addition, special assisted-living services can be arranged for the cruise.

語注 feature: 機能 wheelchair: 車椅子

A.

1. According to the weather report, it will be cold and rainy in the Tohoku area this evening.

2. According to the weather report, the Tohoku area will have heavy rain and cold temperatures tonight.

訳：**今夜の天気**　1. 天気予報によれば、今夜東北地方は冷え込み雨が降るらしい　2. 天気予報によれば、今夜東北地方は大雨と寒気に見舞われるらしい／日本海を覆う寒冷前線が現在東に移動し、今夜東北地方を通過する見込みだ。この前線の動きは大雨をもたらし、また寒気によって最高気温は今夜、摂氏12度まで下がるだろう。これは昨日より8度低い数字となる。

B.

フォーカス ⇒ 多くのシニアが利用している／多くのシニアに人気がある

1. Many seniors enjoy taking a Golden Ocean Line cruise.

2. Golden Ocean Line cruises are popular with older people because of their senior-friendly services.

訳：**ゴールデン・オーシャン・ライン・クルーズ**　1. 多くのシニアがゴールデン・オーシャン・ライン・クルーズを利用している　2. ゴールデン・オーシャン・ライン・クルーズはシニアにやさしいサービスのおかげで年配の人々に人気がある／ゴールデン・オーシャン・ライン・クルーズ船は、シニア向けに考案されたサービスを年配の乗客に提供している。車椅子の利用者のために部屋の多くに広いドアがついているのをはじめ、さまざまな機能が施されている。シニアケア専門スタッフが待機する医療センターもある。さらにクルーズ実施に際しては、日常介助サービスを特別にアレンジすることもできる。

サポートを見ると、シニア向けの手厚い設備やサービスが各種そろっていることが具体的に記されている。これは「なぜこのクルーズはシニアに多く利用されているのか／人気があるのか？」に対する答えと思われる。よって、TSは「ゴールデン・オーシャン・ライン・クルーズはシニアに多く利用されている／人気がある」となる。

サポートを作ろう

● 理由付けパラグラフのサポートの内容

理由付けパラグラフのサポートは、「情報の種類」と「論理展開」の2つの基準を考えながら、論理構成を自分で決める必要があります。

基準① 情報の種類は、「理由」と「理由を裏付ける情報」があります。

● 「理由」
● 「理由を裏付ける情報」：詳細な説明、背景、帰結、例

> 「理由」
> ↓
> 「理由を裏付ける情報」

  英文ライティングでは、まず「大きな情報」を導入してから「小さな（より具体的）な情報」を提示しましょう！

基準② 理由付けパラグラフでは、※「等位」と「従属」、もしくは「その組み合わせ」の論理展開を使いましょう。以下は論理展開の順です。

● 「等位」の論理展開：同位レベルの情報が並んでいること［ここでは2)］

1) **TS** Golf is an unfamiliar sport for young people.
（ゴルフは若者にはなじみのないスポーツだ）

　　2) Playing golf costs too much. ･･････････････････････････････ 1) の理由
　　　　（ゴルフは費用がかかり過ぎる）

　　2) To many young people, golf looks slow and unexciting. ･･････ 1) の理由
　　　　（多くの若者にとって、ゴルフは悠長であまり面白そうに見えていない）

　　2) Also, they feel it is used for business-people and seniors. ･･････ 1) の理由
　　　　（また、彼らは、ゴルフはビジネスマンや年配の人向けだと感じている）

※英語ライティングの研究者 Francis Christensen の提唱する論理展開スタイルに準じています。

第
5
章
●
理
由
付
け
パ
ラ
グ
ラ
フ
●
基
本
編

● **「従属」の論理展開** : 前文に関する理由付けやその補足情報など、下位レベルの情報が並んでいること

1) **TS** Golf is an unfamiliar sport for young people.

　2) Playing golf costs too much. ·· 1) の理由

　　3) Players have to pay for rounds of golf, practices at driving ranges, and golf equipment. ·· 2) の具体例
　　　（プレーヤーはゴルフコースを回ったり、打ちっぱなしで練習したり、ゴルフ用具をそろえたりするのにお金がかかる）

　　　4) Therefore, most youngsters cannot afford it by themselves.
　　　·· 2) 3) からの帰結
　　　　（よって、ほとんどの若者は自分でやる余裕はない）

● **「等位」と「従属」の組み合わせ**の論理展開

1) **TS** Golf is an unfamiliar sport for young people.

　2) Playing golf costs too much. ·· 1) の理由

　　3) Rounds of golf and golf equipment cost a lot. ···················· 2) の具体例

　2) Many have an image that golf is a slow sport. ························· 1) の理由

　　3) Golf lets seniors enjoy gentle exercise out in nature. ········ 2) の詳細説明
　　　（年配の人々はゴルフのおかげで、自然に囲まれながら軽い運動を楽しめる）

　　　4) However, young people prefer sports with more action, such as football, baseball, and basketball. ····························· 3) の追加説明
　　　　（だが、若者はサッカーや野球やバスケットボールなどもっと動きのあるスポーツを好む）

次の2つのパラグラフAとBの論理展開をそれぞれ正しくあらわしているのは下の図1と図2のどちらでしょうか。正しい組み合わせを選びましょう。

A.

Electric Bicycles

TS Although electric bicycles are convenient, users should be aware of their risks. (a) The batteries can die at any time. (b) Electric bicycles are very heavy and slow without electric power. (c) The batteries can add extra speed, (d) so riders sometimes lose control and can hit someone or something.

B.

Electric Bicycles

TS Electric bicycles are convenient vehicles to have. (a) The bike's electric power helps a rider travel easily. (b) Riders become less tired when going up a slope. (c) Some can use bikes to carry heavy bags after shopping. (d) Still others can cycle far to work.

論理展開　図1
　1)
　　2)
　　　3)
　　2)
　　　3)

論理展開　図2
　1)
　　2)
　　　3)
　　　3)
　　　3)

A.（図1）　B)（図2）

A) 論理展開　図1
　1) 電動自転車のリスクに気を付けるべき（主張）
　　2) ……… 1)の理由（a）
　　　3) …… 2)の帰結（b）
　　2) ……… 1)の理由（c）
　　　3) …… 2)の帰結（d）

(a) は「バッテリーがいつ切れるかわからない」という危険な理由―2)、(b) はバッテリーが切れたらどうなるか(a)の結果を示している―3)。(c) は「スピードを出し過ぎる」と新たに危険な理由を提示し―2)、(d) はスピードが出るとどうなるかを説明している―3)。

B) 論理展開　図2
1) 電動自転車は便利である（主張）
　　　2）………1）の理由（a）
　　　　3）……2）の具体例（b）
　　　　3）……2）の具体例（c）
　　　　3）……2）の具体例（d）

TSの主張は電動自転車が便利だということ。(a) は電力で楽に移動できるという便利さの理由―2)。(b) の「坂を上ってもあまり疲れない」はそれを裏付ける内容―3)。(C) の「買い物の後、重いものを運べる」、(d) の「遠い職場まで乗って行ける」、いずれも電力で楽に行けるからなので、やはり (a) の裏付け―3)。

訳：A. **電動自転車** **TS** 電動自転車は便利だが、利用者はそのリスクにも注意すべきだ。(a) バッテリーはいつ切れるかわからない (b) 電動自転車は非常に重く電力がないとなかなか進まない (c) バッテリーがあればスピードが余分に出たりする (d) 場合によっては乗り手はコントロールを失い、人や物にぶつかりかねない
B. **電動自転車** **TS** 電動自転車は持っていると便利な乗り物だ。(a) 自転車に電力が付いていると移動が楽になる (b) 坂道を登ってもあまり疲れない (c) 買い物した後、重い袋を運ぶのにも使える (d) さらに、遠い職場にも自転車通勤できる

理由付けパラグラフの「論理の流れ」のモデル

論理的展開になるよう「理由と裏付け情報」を並べる

TS
①
②
③
④

論理の流れは、
● 情報を集め、内容（「理由」か「理由を裏付ける情報」か）を十分に吟味し
●それらをどう並べていくか
で決まります。

ポイント
アドバイス

論理的な理由付けパラグラフを書くために、アウトラインを入念に作りましょう！

180

次のパラグラフ中のランダムに並んだA)〜E)の文のうち、トピックセンテンスであらわしている現象の「理由」と「理由を裏付ける情報」を見極めましょう。ただし、不必要な文が1つあります。

トピック	= 旅館

フォーカス	= 外国人旅行客の間で人気が出ている

Ryokan

TS "Ryokans," or traditional Japanese hotels, are getting a lot of attention from visitors from other countries.

A) Many ryokans can provide full service in English or other languages to their guests.

B) Many tourists appreciate traditional Japanese gardens.

C) Guests can experience traditional Japanese culture while staying at a ryokan.

D) They can wear traditional Japanese "yukata," or robes, while relaxing on the site.

E) The experience also includes traditional Japanese meals and baths.

「理由」（　　　）

「理由を裏付ける情報」（　　　）（　　　）（　　　）

不必要な文 （　　　）

「理由」C)　　「理由を裏付ける情報」B) D) E)　　不必要な文　A)

A) 以外の文はすべて日本の伝統文化に言及しているので、A) 「多くの旅館は英語やその他の言語
で全サービスを提供している」はまず除外される。C) は「旅館で日本の伝統文化を体験できる」
と大きな視点で理由を述べており、B) D) E) はそれぞれ、C) の旅館で体験できる「日本の伝統
文化」の具体例。

```
論理展開
  1) TS
    2) C) ……… 1) の理由
      3) B) …… 2) の具体例
      3) D) …… 2) の具体例
      3) E) …… 2) の具体例
```

訳：**旅館**　**TS**「旅館」すなわち伝統的な日本のホテルが海外からの客の間で多大な注目を浴びている。　A) 多くの
旅館では全サービスを英語あるいは他の言語で客に提供できる　B) 多くの旅行客は伝統的な日本の庭園を堪能す
る　C) 客は旅館に滞在中、伝統的な日本文化を体験できる　D) 客は伝統的な日本の「浴衣」すなわちローブを着て、
界隈でくつろげる　E) さらに日本式の伝統的な食事や入浴も体験できる

 **考えよう**

以下の囲み中のA)〜B)は、前項のRyokanが外国人旅行者の間で人気が出ている別の「理由」と「その裏付け」をランダムに並べたものです。各文を論理的な流れになるように並べて、アウトラインを作りましょう。

| **トピック** | = 旅館 |

| **フォーカス** | = 外国人旅行客の間で人気が出ている |

TS 旅館が外国人旅行者に注目されている
ryokan, getting, a lot of attention, from overseas visitors

A) 給仕は、部屋でお茶や夕食を用意し、入浴中に布団を敷いてくれる
serve tea and dinner, the rooms, prepare, traditional futon bedding, while the guests are bathing

B) 宿泊客は個別の歓迎を受ける
each guest, receives, a personal welcome

C) 給仕は客がリラックスできるよう部屋を快適にする
staff, rooms, comfortable, for guests, to relax fully

D) 客は宿泊中、日本独自のサービスを楽しめる
guests, overseas, unique Japanese-style service, during their stay

E) 名前が玄関と部屋のドアに表示される
names, are displayed, the entrance, the door, of their rooms

第5章 ● 理由付けパラグラフ ● 基本編

Ryokan

TS

① (　　　)

② (　　　)

③ (　　　)

④ (　　　)

⑤ (　　　)

183

解答・解説

① D） ② B） ③ E） ④ C） ⑤ A）

全体的に理由をまとめていると思われるのはD）。日本独自のサービスの1つ目のタイプがまずB）の「個別の歓迎」でE）は「その具体例」。サービスの2つ目のタイプがC）「部屋を快適にしてくれる」でA）は「その具体例」となる。旅館体験を時系列に考えると、B）が先になるだろう。

> パラグラフの論理展開
>   1) **TS**
>   2) D) ………1) の理由
>   3) B) ……2) の具体例
>   4) E) ……3) の詳細説明
>   3) C) ……2) の具体例
>   4) A) ……3) の詳細説明

アウトラインから理由付けパラグラフを作る

Ryokan

TS "Ryokans," or traditional Japanese hotels, are getting a lot of attention from overseas visitors. ① Guests from overseas can enjoy unique Japanese-style service during their stay. ② Each guest receives a personal welcome from the staff. ③ The names of guests are displayed not only at the entrance but also at the door of their rooms. ④ The staff make the rooms comfortable for guests to relax fully. ⑤ They serve tea and dinner in the rooms, and they prepare traditional futon bedding while the guests are bathing.

訳：旅館 **TS**「旅館」すなわち伝統的な日本のホテルが海外からの客の間で多大な注目を浴びている。 ①外国人旅行者は宿泊中、日本独自のサービスを楽しめる。②客は給仕から個別の歓迎を受ける。③客の名前が玄関のほか、部屋のドアに表示される。④給仕は客が十分に心地よくなるよう部屋を快適にする。⑤給仕は部屋でお茶や夕食を用意し、客が入浴している間に布団を敷いてくれる。

IV 理由付けパラグラフのサポートに役立つ表現

理由付けパラグラフのサポートでは「理由・原因」「影響・結果」「例」をあらわす以下の2種類の表現がよく使われます。その使い方のコツを学び、論理的に説明する理由付けパラグラフを書く練習をしましょう。

> **理由付けパラグラフの「サポートによく使われる表現」**
> 原因と結果をあらわす表現
> 等位情報を列挙・追加する表現

品詞や接続詞の種類によって、文の構造や句読点が変わるのに注意しましょう。

● 原因と結果をあらわす表現

due to / because of / as a result of　原因をあらわす前置詞句：原因となる名詞（句）が続きます。

● The bus was delayed due to an engine problem.
　　　　　　　　　　　 前置詞句　　 名詞句

（バスはエンジントラブルのため遅延した）

because / as / since　原因をあらわす副詞節の接続詞：主語＋動詞が続きます。

● Some walkers fell because the floor was wet.
　　　　　　　　　　 接続詞　　主語　　動詞

（床が濡れていたので転ぶ歩行者もいた）

so　結果をあらわす等位接続詞：前にカンマを伴い、主語＋動詞が続きます。

● The soup was spicy hot, so Mayumi's face became red.
　　　　　　　　　　　　　　　　 主語　　　　　 動詞

（スープが辛かったので、マユミの顔は赤くなった）

consequently / as a result / therefore　**結果を導く副詞**：副詞は、等位接続詞のように2つの文をカンマで接続することはできません。

● Lightning hit a power tower. Consequently, <u>the power</u> <u>went off</u>.
　　　　　　　　　　　　　　　　　　　　　　　主語　　　　　動詞
　　　　　　　　　　　　　（雷が送電塔に落ちた。よって、停電となった）

● **「等位」の情報を列挙・追加する表現**

in addition / moreover / also / second / next 「さらにもう一つ」の意の副詞：これも、2つの文をカンマで接続することはできません。

● Okinawa's rich nature attracts many tourists. In addition, <u>tourists</u>
　　　　　　　　　　　　　　　　　　　　　　　　　　　　　　　　　主語

<u>can enjoy marine sports there.</u>
　　　　動詞
（沖縄の豊かな自然は多くの旅行者を引き付ける。さらに旅行者はそこでマリンスポーツも楽しめる）

● Ken is successful because he is good at making connections with others.
Second, <u>he</u> <u>is patient.</u>
　　　　　主語　　動詞
　　　　（ケンが成功したのは、人脈を作るのにたけているから。2番目の理由は、彼の忍耐強さだ）

another 「もう一つの」の意の形容詞：名詞の前につく

● Another <u>reason</u> for moving is the noise from next door.
　　　　　　名詞

　　　　　　　　　　　　　（引っ越しのもう一つの理由は隣の部屋がうるさいことだ）

まとめの練習

考えてみよう！

「理由付けパラグラフのサポートに役立つ表現」も使って、論理的な理由付けの練習をしましょう。

【農業企業への誘い】

以下は、農業企業のトマト農業カンパニーが新規雇用に向けて自社をアピールする文章です。各空欄に適する表現を次ページ冒頭の囲みの中から選び、書き入れましょう。文頭に入れる場合は大文字に直し、必要な個所には句読点を入れましょう。

トピック = トマト農業カンパニー

フォーカス = 働くべき、農業に興味があるなら

Tomato Farming Company

TS 1) If you are interested in farming, consider working with us here at the Tomato Farming Company.

We are a general farming and processing company with 270 employees. We are now hiring new workers.

2) You can start working without any farming experience
　　3) ①_____ we offer new workers basic and regular training programs.

2) Contrary to the general image of farming, little physical labor is required on a daily basis.
　　3) Automatic systems, from seeding and watering to picking and packing, have been introduced to our farms.
　　　　4) ②_____ you will be mostly doing quality control and solving any problems that might come up.

2) ③_____ important benefit is financial security.
　　3) You can earn a large, fixed salary and a special bonus twice a year
　　④_____ our steady production and sales all year round.

Apply to the Tomato Farming Company now and help us to make great food products.

語注 process: 加工・処理する　bonus：ボーナス

解答・解説

① because：後半の「農業に関する研修がある」は、前半の「経験がなくても働ける」の「理由」となっている。また、2つの節の間に位置しているので、副詞接続詞 because となる。前にカンマは入らない。

② Therefore,：「品質管理や問題の対応をするのが主な仕事である」は、前文の「全自動システムが導入されている」の帰結となり結果をあらわす表現が入る。文頭にあるので副詞 Therefore となる。後ろにカンマが入る。

③ Another：先の2つの魅力に加え「もう一つ別の魅力」なので、追加の表現となる。

④ due to：後半の「安定した生産と売り上げ」は前半の「高い固定の給料をもらえる」の理由となっている。名詞句の前にあるので、前置詞句 due to となる。

訳：**トマト農業カンパニー**　**TS**　もし農業に興味があるなら、ここトマト農業カンパニーで働いてみませんか。われわれは従業員270人で農業および加工・処理業を営んでおります。現在、新入社員を募集しています。就業に当たって農業経験は必要ありません。新入社員には基礎的な定期トレーニングプログラムを提供しているからです。農業にまつわる一般的なイメージとは異なり、日常的な肉体労働はほとんど必要ありません。わが社には種まき、水やりから収穫、梱包に至るまで、オートマチックシステムが導入されています。ですから、従業員はクオリティコントロールと問題解決にほぼ専念することになります。もう一つ重要なメリットは、経済面が保証されることです。年間を通して安定した生産と販売により、高額の固定給と年2回のボーナスが得られます。今すぐトマト農業カンパニーに応募して、素晴らしい食品の生産にご助力ください。

注意したい表現いろいろ

1. It is because ... / That's why ...は避けよう

口語でよく使われる便利な表現ですが、同じ情報を直後に繰り返している上、文を短く切ってしまうため、ライティングでは避けましょう（より好まれる表現はp.185）

△ <u>Some walkers fell.</u> <u>It</u> is because <u>the floor was wet.</u>
　　　結果　　　　　結果　　　　　　　　理由

△ <u>The soup was spicy hot.</u> That's why <u>Mayumi started tearing.</u>
　　　理由　　　　　理由　　　　　　　　結果

2. so, / Therefore, / becauseは使い過ぎに注意

各文が論理的に説明され適切に並んでいれば、たいていの「理由」と「結果」の関係性は、読み手に伝わります。いちいちbecauseなどを入れると、冗長で幼稚な文になりかねません。以下の文も △ Many people ... themselves <u>because</u> the temperature ... とするより2文に分けた方がより簡潔で、光景をイメージしやすくなります。

The temperature reached 25 degrees C this afternoon. Many people on the streets went without their coats, and some used fans to cool themselves. （今日の午後、気温は摂氏25度に達した。道行く大勢の人はコートなしで、中には扇子を使う人たちもいた）

3. 列挙表現は読みやすくなる工夫を

長い文の途中で突然、Second, he is patient.とあっても「何に関する2番目のポイント」の列挙だったのか読み手は覚えておらず、さかのぼって読み直ししてしまう恐れがあります。
列挙するポイントが離れているような場合、例えば「2番目の"彼の成功の理由"は…」とポイントを補足してあげると、読み手は自然に読み進められます。

The second reason for his success is his patience / that he is patient.
（彼の成功の2番目の理由は、その我慢強さだった）

5種類のトピックについて、
キーワードやヒントを手掛かりにステップを踏みながら
自分でパラグラフを書いてみましょう。
仮題が進むにつれて、手掛かりはだんだん少なくなっていきます。

いよいよ
最終章です

ライティング実践問題 ①

○ ラーメン屋が5カ月で閉店した理由

以下は、分析レポートの基本情報。ABCラーメンが、オープン5カ月で閉店する理由に
関する情報を示しています。

ABC Ramen

①事象
ABC Ramen, close, its 5-month-old
business, the end of September

②理由1
has not attracted, enough
customers, its location

③具体例1
takes, about 25 minutes, the
station, to get to it, on foot

④帰結1
many people, not want to walk,
rainy or very hot days

⑤具体例2
two blocks, from the main street

⑥帰結2
walkers, rarely, come across

⑦具体例3
no places, to park, near the
restaurant

⑧帰結3
cannot easily park, visit the shop,
by car

語注 come across: 偶然見つける

○ Step 1　トピックセンテンスを考えよう！

トピックセンテンスを、表現を変えて2つ書いてみましょう。

> **トピック** = ABC ラーメン
>
> ＋
>
> **フォーカス** = 5カ月営業した後、9月末に閉店する予定

TS _____

TS _____

○ Step 2　サポートを考えよう！

論理展開を考えながら、キーワードのみを書き出してサポート用のアウトラインを作りましょう。

理由と裏付け情報

ABC Ramen

① **TS** 事象 _____.

②

③

④

⑤

⑥

⑦

⑧

 ポイントアドバイス すでに論理的に情報が並んでいますが、論理展開を自分なりに分析してみましょう！

解答例は
見ないでね！

Step 2のアウトラインを参考にしながら空欄を埋め、パラグラフを完成させましょう。
さまざまな理由付けパラグラフに役立つ表現を使ってみましょう。

ABC Ramen

① **TS** ABC Ramen will _____ .

②It has not attracted enough customers _____ .

③ _____ .

④Many people _____ .

⑤ _____ , it is _____ ,

⑥ _____ by chance.

⑦There are _____ .

⑧Especially, families who don't live nearby and people who use cars for

business _____ .

 原因・結果の表現を効果的に使いましょう！

● 解答例・解説 ●

Step 1 トピックセンテンスを考えよう！

• ABC Ramen will close its 5-month-old business at the end of September.

• ABC Ramen is planning to close its 5-month-old business at the end of
September.（ABCラーメンはオープン5カ月にして9月末に閉店する予定である）

Step 2 サポートを考えよう！

「理由」と「具体例」「帰結」をそのまま縦に並べるとアウトラインになる。

Step 3 パラグラフを書いてみよう！ （文中の 1)〜4) は論理展開を示すための数字）

ABC Ramen

①1) **TS** ABC Ramen will close its 5-month-old business at the end of September. ②2) It has not attracted enough customers due to its location. ③3) It takes about 25 minutes from the station to get to it on foot. ④4) Many people do not want to walk there on rainy or very hot days. ⑤3) Moreover, it is two blocks from the main street, ⑥4) so walkers rarely come across it by chance. ⑦3) There are no places to park near the restaurant. ⑧4) Especially, families who don't live nearby and people who use cars for business cannot easily park and visit the shop by car.

訳：ABC ラーメン ①ABCラーメンはオープン5カ月にして9月末に閉店する予定である。②店の立地のせいで集客に難があった。③駅から徒歩約25分なのである。④雨の日や灼熱の日にそこまで歩いて行こうとする人は多くない。⑤その上、店は大通りから2ブロック離れた場所にあり、⑥歩いている人がたまたま店を見つけるということはほぼない。⑦店のそばには駐車スペースもない。⑧特に近場に住んでいない家族連れや仕事用の自動車で移動する人たちは簡単に駐車できず、車で来られないのである。

解説 **Step 1** トピックセンテンスは理由を必要とする事象。トピックはABCラーメン。フォーカスは、リードや基本情報から「オープン5カ月の9月末で閉店する予定だ」。「閉める予定だ」は will close あるいは is planning to close などであらわす。

論理展開

1) **TS**
2) ....
　3) ....
　　4) ....
　3) ....
　　4) ....
　3) ....
　　4) ....

Step 2 このパラグラフでは、TSの「事象」の後に「理由」が1つ示され、それに対して「具体例」が3通り示されている。具体例にはそれぞれ「帰結」が1つずつ続いている。キーワードから「ABCラーメンがオープン5カ月にして9月末に閉店する」という事象①の理由②は「立地ゆえに集客できなかった」とわかる。理由の1つ目の具体例③は「駅から徒歩約25分かかる」、そしてその結果（帰結）④は「多くの人が雨や灼熱の日に歩きたがらない」。理由の具体例2つ目⑤は大通りから2ブロック離れていることで、その帰結⑥は「たまたま店を見つける人がほとんどいない」。理由の具体例3つ目⑦は近くに駐車場がなく、帰結⑧は「車で立ち寄ることができない」となる。

Step 3 まだABCラーメンは営業中で、これらは現在の状況なので時制は現在形となる。理由付けパラグラフはさまざまな角度からの要素をはらむので、ABC Ramen を含め複数の主語が考えられる。原因と結果をあらわす前置詞句 due to ＋名詞、情報の追加をあらわす副詞 moreover、結果をあらわす接続詞 so といった表現を使える。

○ 社長のスピーチが印象的だったわけ

ナウ工業株式会社 (Industry Now Co.) のゲイリー・パインズ社長 (president Gary Pines) は火曜日に150名の社員に向けてスピーチをしました。以下は、彼のスピーチが印象的だった理由のパラグラフについて、左側に全体の構成と2つの理由を示し、右側にそれらの裏付けの情報がランダムに並べてあります。

①主張
Gary Pines' speech, Tuesday, an audience of 150 employees, remain, their memories, a long time

②理由1：おかしな服装が気楽な雰囲気にした
funny clothes, put, at ease, right from the beginning

③具体例（　　）

④理由2：彼の話し方から社員は深く感動した
however, soon after, the employees, were deeply moved, the way he spoke

⑤具体例（　　）

⑥ ⑤の帰結（　　）

⑦ ⑥の帰結（　　）

裏付け③⑤⑥⑦

A) 手描きの絵を助けに、語った、草創期の失敗やのちの成功
his own drawings, to help tell the story, his early failures and later successes

B) 何人かが泣いた
his speech, actually, several of them, cry

C) 笑った、彼の紫のスーツ、赤いテニスシューズ、緑のカウボーイハット
laughed, his purple business suit, red tennis shoes, and green cowboy hat

D) 多くが、彼と一体になって、経験したと感じた
many, felt, they were experiencing, along with him

○ Step 1　トピックセンテンスを考えよう！

トピックセンテンスを、表現を変えて2つ書いてみましょう。

● **トピック** ●	＝ 火曜日にナウ工業株式会社のゲイリー・パインズ社長が150名の社員に
＋	向けて行ったスピーチ
● **フォーカス** ●	＝ 社員の記憶に長く残るだろう

TS ＿＿＿＿＿＿＿＿＿＿＿＿＿＿＿＿＿＿＿＿＿＿＿＿＿＿＿＿＿＿＿

TS ＿＿＿＿＿＿＿＿＿＿＿＿＿＿＿＿＿＿＿＿＿＿＿＿＿＿＿＿＿＿＿

○ Step 2　サポートを考えよう！

③⑤⑥⑦に適する右側の「裏付け」の情報を入れ、キーワードのみを書き出してサポート用のアウトラインを作りましょう。

A Speech to Remember

理由と裏付け情報

① **TS** ＿＿＿＿＿＿＿＿＿＿＿＿＿＿＿＿＿＿＿＿＿＿＿＿＿＿ .

②

③

④

⑤

⑥

⑦

  まず、A) -D) の「裏付け」の情報が2つの「理由」のどちらに関するかを見極めましょう！

ポイント
アドバイス

○ **Step 3** パラグラフを書いてみよう！ 解答例は 見ないでね！

Step 2のアウトラインをもとに、パラグラフを書いてみましょう。

A Speech to Remember

TS _____

● 解答例・解説 ●

○ **Step 1** トピックセンテンスを考えよう！

- Industry Now Co. president Gary Pines' speech to an audience of 150 employees on Tuesday will remain in their memories for a long time.
  (ナウ工業株式会社のゲイリー・パインズ社長が火曜日に従業員から成る150人の聴衆に向けて行ったスピーチは、長く彼らの記憶に残ることだろう)

- The 150 employees of Industry Now Co. will long remember president Gary Pines' speech on Tuesday.
  (ナウ工業株式会社の150人の従業員は火曜日のゲイリー・パインズ社長のスピーチを長きにわたって覚えていることだろう)

○ **Step 2** サポートを考えよう！

「裏付け」はC) A) D) B)の順に入る。

① **TS**
② 理由1: funny clothes, put, at ease, right from the beginning
③ C) laughed, his purple business suit, red tennis shoes, and green cowboy hat
④ 理由2: however, soon after, the employees, were deeply moved, the way he spoke
⑤ A) his own drawings, to help tell the story, his early failures and later successes
⑥ D) many, felt, they were experiencing, along with him
⑦ B) his speech, actually, several of them, cry

第5章 ● 理由付けパラグラフ ● 実践編

A Speech to Remember

① 1) **TS** Industry Now Co. president Gary Pines' speech to an audience of 150 employees on Tuesday will remain in their memories for a long time. ②2) His funny clothes put the audience at ease right from the beginning. ③3) They laughed at his purple business suit, red tennis shoes and green cowboy hat. ④2) However, soon after, the employees were deeply moved by the way he spoke. ⑤3) He used his own drawings to help tell the story about his early failures and later successes. ⑥4) Many of the audience felt that they were experiencing his life story along with him. ⑦5) His speech actually made several of them cry.

訳：**記憶に残るスピーチ**　① **TS** ナウ工業株式会社のゲイリー・パインズ社長が火曜日に従業員から成る150人の聴衆に向けて行ったスピーチは、長く彼らの記憶に残ることだろう。②のっけから、彼のおかしな服装が聴衆をリラックスさせた。③彼らは社長の紫のビジネススーツ、赤いテニスシューズ、緑のカウボーイハットを見て笑った。④しかし時をおかずして、従業員たちは社長の話しぶりに深く心を動かされることとなった。⑤社長は自分が手ずから描いた絵を助けに、草創期の失敗やのちの成功について語ったのである。⑥聴衆の多くは、自分が社長と一体となって彼の一代記を体験しているかのような感覚を覚えた。⑦実際、社長のスピーチで何人もの聴き手が思わず涙したのだ。

○ 解説　**○ Step 1**　リードとキーワードからトピックは「ナウ工業株式会社のゲイリー・パインズ社長が火曜日に社員に向けて行ったスピーチ」、フォーカスは「社員の記憶に長く残るだろう」となる。トピックセンテンスを作る場合、主語をスピーチにすれば、述部はキーワードを使ったwill remain in their memories for a long timeとなるが、「社員は覚えているだろう」と社員を主語にしてThe 150 employees will remember ... の形にすることもできる。

論理展開
1) **TS**
2) ....
3) ....
2) ....
3) ....
4) ......
5) ...

○ Step 2　スピーチが印象的だった理由1②「のっけから彼のおかしな服装が気楽な雰囲気にした」を補足する具体例は服装に言及しているC)だけ。理由2④は「彼の話し方から社員は深く感動した」とある。「彼のスピーチの手法」についてA)B)D)で語られているわけだが、まず直接スピーチの具体的方法について「手描きの絵を助けに草創期の失敗やのちの成功について語った」と言及するA)がくる。A)の結果（帰結）としてD)の「多くが彼と体験をともにしていると感じた」が続き、D)の結果としてB)の「彼のスピーチで何人もが泣いた」が続く。

○ Step 3　主語と時制を決めてキーワードを適切につなげる。すでに起こったことなので時制は過去形。理由や裏付けはさまざまな要素が含まれるので、主語は1つではない。②はHis funny clothesを無生物主語に聴衆をat easeの状態にした、という英語らしい書き方。⑦B)も同じくHis speechが無生物主語。⑤A)には主語と動詞としてHe usedやHe showedを補うとよい。

○ 10年ぶりの価格高騰の分析

以下は、今週、果物と野菜が10年ぶりに高値を更新した原因についての情報を提示しています。左側には理由と影響（まとめ）が示され、右側には裏付けの情報③〜⑥に入るA)〜D)がランダムに並べられています。

①現象

②理由：先週関東地方を襲い作物に被害を与えた大型台風
③具体例1（　　　）
④帰結1（　　　）
⑤具体例2（　　　）
⑥帰結2（　　　）

⑦影響（まとめ）：今後数週間は、スーパーでは果物と野菜はほぼ品切れで、高値は続くだろう

裏付け ③〜⑥

A) 塩水で葉物野菜が枯れた

B) 強風が収穫前の果実を振り落とした

C) 嵐が海水を関東平野の農地にまき散らした

D) ほとんどが傷み、廃棄された

キー表現（出てくる順）

caused by, large-scale, the Kanto area, damaged crops, shook, from their branches, were to be picked, heavily damaged, be thrown away, water from the ocean, spread, onto some farms, ended up, ruining, leaf vegetables, displays at local supermarkets, nearly empty, continue in the coming weeks

○ Step 1　トピックセンテンスを考えよう！

トピックセンテンスを、表現を変えて2つ書いてみましょう。

| トピック | = 多くの果物と野菜 |

＋

| フォーカス | = 今週、10年ぶりの高値 |

TS _____

TS _____

○ Step 2　サポートを考えよう！

「裏付け」③〜⑥にA)〜D)を論理的に並べ、キーワードのみを書いてサポート用のアウトラインを作りましょう。キー表現以外の表現も自分なりに足してみましょう。

Expensive Produce

① **TS** _____ .

②

③

④

⑤

⑥

⑦

理由と裏付け情報

ポイント
アドバイス
　　台風が「何」に影響を与えたのか、に注目しましょう！

199

解答例は
見ないでね！

アウトラインをもとに、理由付けに役立つ表現を使ってパラグラフを書いてみましょう。

Expensive Produce

TS _____

● **解 答 例** ●

○ **Step 1**　トピックセンテンスを考えよう！

- This week, many fruits and vegetables have reached their highest prices in 10 years.
- This week, the prices of many fruits and vegetables are now at their highest in 10 years.

（今週、多くの果物や野菜がここ10年で最高値となった）

○ **Step 2**　サポートを考えよう！

「裏付け」③～⑥には A) ～ D) が以下の順に並ぶ。

① **TS**

② caused by, last week, large-scale, typhoon, hit, the Kanto area, damaged crops

③ B) the strong winds, shook, many fruits, from their branches, were to be picked

④ D) heavily damaged, had to, be thrown away

⑤ C) the storm, water from the ocean, spread, onto some farms, the Kanto Plain

⑥ A)the salt water, ended up, ruining, leaf vegetables

⑦ expected, fruit and vegetable, displays at local supermarkets, nearly empty, the high prices, continue in the coming weeks

○ **Step 3** パラグラフを書いてみよう！ 18

Expensive Produce

① 1) **TS** This week, many fruits and vegetables have reached their highest prices in 10 years. ②2) The high prices have been caused by last week's large-scale typhoon that hit the Kanto area and damaged crops. ③3) The strong winds shook many fruits from their branches just before they were to be picked. ④4) As a result, many of them became heavily damaged and had to be thrown away. ⑤3) The storm caused water from the ocean to spread onto some farms in the Kanto Plain, ⑥4) and the salt water ended up ruining most leaf vegetables. ⑦5) It is expected that many fruit and vegetable displays at local supermarkets will be nearly empty and the high prices will continue in the coming weeks.

訳：高値の農作物 ① **TS** 今週、多くの果物や野菜がここ10年で最高値となった。②価格の原因とされているのが、先週、関東地方を襲い作物にダメージを与えた大型台風である。③強風が収穫直前の大量の果実を枝から振り落とした。④その結果、多数の果実が著しく傷み、廃棄されなければならなかった。⑤嵐は関東平野の農地の一部に海水をまき散らし、⑥最終的に塩水によってほとんどの葉物野菜が壊滅した。⑦今後の予測として、地元のスーパーマーケットでは今後数週間にわたり、多くの果実・野菜コーナーがほぼ空になり、高値が続くのではないかと見込まれている。

論理展開

```
1) TS
 2)
  3)
   4)
  3)
   4)
    5)
```

○ **解説** ○ **Step 1** トピックは「多くの果物と野菜」。フォーカスは「今週、10年ぶりに高騰している」。現在完了形で「今週、多くの果物と野菜が10年ぶりに最高値に達した」、あるいは現在形で「今週、多くの果物と野菜の値段がここ10年で最高値を示している」とも表現できる。

○ **Step 2** ③〜⑥に当てはまる情報A) 〜 D)を適切な順に並べると、まず台風の直接的影響はB)「強風が果実を振り落とした」（具体例1）→D)「多くが傷み、廃棄」（帰結・影響）とC)「海水を農地にまき散らした」（具体例2）→A)「塩水で野菜が枯れた」（帰結・影響）と考えられる。⑦は②の現象の全体的な影響を述べてまとめている。和文の基本情報からキー表現を整理して並べ、②last week、typhoon ③the strong winds、many fruits ⑤the storm、the Kanto Plain ⑥the salt water ⑦fruit and vegetableなどを足して並べる。

○ **Step 3** サポート部分は、台風に関する被害をもたらしたもの（台風、強風、塩水）、被害を受けたもの（果物や野菜）など無生物が主語となる。時制についてはTSの「高値になってしまった」は現在完了形、サポート部分は高値の原因となった過去の台風について述べているので過去形、今後の影響について述べたまとめは未来形となる。英語表現としては、「原因となる」をあらわす動詞cause、結果をあらわす動詞句end up、結果をあらわす副詞句As a result, 今後の影響をあらわすIt is expected ... 、などが使える。

○ 賃貸アパートのお薦めポイント

以下は、賃貸斡旋会社による「桜アパート704号室」が「理想的な賃貸物件」という基本情報を示しています。左側には理由の1番目とその裏付けの情報、右側には⑤～⑩に入る2番目と3番目の理由とそれぞれの裏付けの情報がランダムに並べられています。

①主張：理想的な賃貸物件	【⑤～⑩に入る、理由2、3とそれぞれを裏付ける情報】
②理由1：静かである	
③具体例1：東南の角部屋、エレベーターホールによって7階の他の5部屋から離れている	● 公共交通機関へのアクセスがいい
	● 便利
④③の帰結：近隣からの音が問題にならない	● 警備会社が常時監視、異常事態が起こった際にはいつでも出動可能
⑤	● 安全性
⑥	● 商店街から近い
⑦	● オートロックの入口、アパートの鍵と顔認証が必要
⑧	
⑨	
⑩	

キー表現（出てくる順）

an ideal rental property, in the far southeast corner, the elevator hall, separates, from the other five apartments, neighbors, not likely to be a problem, close, the shopping district, good access, public transportation, its most attractive feature, the entrance door, automatically locked, the apartment key, the recorded owner's face, a security company, 24 hours a day, seven days a week, ready to act, notices, anything wrong

語注　rental: 賃貸用の　property: 不動産物件　feature: 特徴

ヒント!　特に、安全性が一番の魅力です！

Step 1 　トピックセンテンスを考えよう！

トピックセンテンスを、表現を変えて2つ書いてみましょう。

トピック = 桜アパート704号室

\+

フォーカス = 理想的な賃貸物件

TS _____

TS _____

Step 2 & 3 　サポートを考え、パラグラフを書いてみよう！

基本情報を適切な順に並べ、キー表現を参考にキーワードのみを書いてサポート用の
アウトラインを作りましょう。キー表現以外の表現も自分なりに足してみましょう。
そのアウトラインをもとに、さまざまな理由付けに役立つ表現を使ってパラグラフを
書いてみましょう。

Rent Apartment 704 Now!

TS _____

理由と裏付け情報

 ポイント アドバイス 理由・結果や列挙をあらわす「役立つ表現」を効果的に使い、読み
手に分かりやすいライティングを心掛けましょう！

Step 1 トピックセンテンスを考えよう！

- Apartment 704 in the Sakura Apartment Complex is an ideal rental property.
- Apartment 704 in the Sakura Apartment Complex is an ideal place to rent.

（桜アパートの704号室は、理想的な賃貸物件です）

Step 2 & 3 サポートを考え、パラグラフを書いてみよう！

Rent Apartment 704 Now!

①1) **TS** Apartment 704 in the Sakura Apartment Complex is an ideal rental property. ②2) The apartment is quiet. ③3) It is in the far southeast corner of the building, and the elevator hall separates it from the other five apartments on the seventh floor. ④4) As a result, noise from neighbors is not likely to be a problem. ⑤2) Moreover, the apartment is convenient. ⑥3) It is close to the shopping district, ⑦3) and has good access to public transportation. ⑧2) The building's safety is its most attractive feature. ⑨3) The entrance door of the building is automatically locked, and the apartment key and the recorded owner's face are required to open it. ⑩3) A security company watches the complex 24 hours a day, seven days a week, and is ready to act if it notices anything wrong.

語注 apartment complex: 複合型集合住宅

訳：**704号室入居募集！** ① **TS** 桜アパートの704号室は、理想的な賃貸物件です。②アパートの部屋は静かです。③東南の角にあり、エレベーターホールによって7階の他の5部屋から離れています。④その結果、近隣からの音はほとんど届かなくなっています。⑤さらに、このアパートは便利です。⑥商店街に近く、公共交通機関のアクセスが良いのです。⑦建物の安全性は最も魅力的な特徴です。⑨入口はオートロックで、開けるにはアパートの鍵と部屋主の顔認証が必要です。⑩警備会社が年中無休で24時間建物を監視し、異常があればただちに出動することになっています。

○ 解説 **○ Step 1** リードからトピックは「桜アパート704号室」、フォーカスはお薦めポイントやキー表現の an ideal rental property などから「理想的な賃貸物件」だと分かる。「理想的な賃貸物件」は ideal rental property の他に an ideal place to rent など。

○ Step 2 & 3 基本情報の中で、桜アパート704号室のお薦めポイントの2、3番目の理由をざっくり説明している項目は、「便利」「安全性」。⑤「便利」の具体例は⑥「商店街から近い」と⑦「公共交通機関へのアクセスがいい」の2つ、⑧「安全性」の具体例は⑨「オートロックの入口、開けるにはアパートの鍵と顔認証が必要」⑩「警備会社が常時監視、異常事態が起こった際にはいつでも出動可能」の2つとなる。この2つの優先順位は書き手の主観によるため、「便利」⑤⑥⑦と「安全性」⑧⑨⑩の順を逆にしてもよい。

キー表現をもとに別の理由を項目ごとに整理して情報を肉付けする。⑥⑦はより具体的な順。また、主語が同じなので、接続詞 and を使って一文にまとめられる。⑧ヒントに沿って、「安全性」は最も魅力的な特徴。結果をあらわす表現 as a result、列挙をあらわす表現 moreover, its most attractive feature などが使える。現在のアパートの条件を説明しているので、時制は現在形。

論理展開

1) **TS**
2) ----------
　3) --------
　　4) ------
2) ----------
　3) --------
　3) --------
2) ----------
　3) --------
　3) --------

第5章 ● 理由付けパラグラフ ● 実践編

○ X市はなぜ急速に発展しているのか？

以下は、X市 (the city of X) が最近急速に発展している理由についての基本情報①〜⑧です。③〜⑧はランダムに並んでいます。

①現象：X市が、最近急速に発展

②理由：地理的な安全性を強調することで、複数の主要企業を促しデータセンターや流通センターを設置

（　　）地震が海底で起きても、津波の影響をほぼ受けない

（　　）市内や周辺に活断層がないので、地震のリスクがほぼない

（　　）地域の地盤のタイプは別の魅力的なポイント

（　　）離れた場所で起こった地震の揺れを少なくし、ダメージから建物やコンピュータを守る

（　　）海抜50メートル、周辺地域より30メートル高い、海や川から20キロメートル離れているから

（　　）実際、過去200年、大きな地震の記録がない

キー表現（アルファベット順）

affected, a tsunami, data and distribution centers, distant areas, establish, feature, geographical safety, in little danger, its surrounding area, lessen the shaking, no active faults, pointing out, protecting, successfully invited, type of ground, under the sea

語注 affect: 〜に影響を与える　distribution: 流通　geographical: 地理的な、地域の
　　　　lessen: 〜を減らす　active fault: 活断層

○ Step 1　トピックセンテンスを考えよう！

「トピック」と「フォーカス」を考え、トピックセンテンスを表現を変えて2つ書いてみましょう。

トピック	= _____

　　　　　　＋

フォーカス	= _____

TS _____

TS _____

○ Step 2 & 3　サポートを考え、パラグラフを書いてみよう！

キー表現を参考に、自分なりに「理由」と「裏付け」の「論理展開」を考えて情報を正しく並び替え、さらにキーワードのみを書いてサポート用のアウトラインを作りましょう。キー表現以外の表現も自分なりに足してみましょう。そしてアウトラインをもとに、さまざまな理由付けに役立つ表現を使ってパラグラフを書いてみましょう。

The City of X

TS _____

理由と裏付け情報

Step 1 トピックセンテンスを考えよう！

トピック＝X市
フォーカス＝最近、急速に発展している

- The city of X has been quickly developing recently.
  （X市は近年急速に発展してきた）

- The city of X is one of the cities that have seen a lot of development recently.
  （X市は近年大きく発展を遂げた屈指の都市である）

Step 2 & 3 サポートを考え、パラグラフを書いてみよう！

The City of X

①1) The city of X has been quickly developing recently. ②2) By pointing out the area's geographical safety, the city has successfully invited major companies to establish data and distribution centers there. ③3) The city is in little danger of earthquakes because there are no active faults within the city or its surrounding area. ④4) In fact, no big earthquakes have been recorded there in the past 200 years. ⑤3) The area's type of ground is another attractive feature. ⑥4) It helps to lessen the shaking of earthquakes that happen in distant areas, protecting buildings and computers from damage. ⑦3) In addition, X is less likely to be affected by a tsunami even if an earthquake occurs under the sea ⑧4) because it is located 50 meters above sea level, which is 30 meters higher than surrounding cities, and at least 20 kilometers away from the ocean and any rivers.

訳：X市 ① **TS** X市は近年急速に発展してきた。②同市は、地理的な安全性を強調することで、複数の主要企業を首尾よく招聘し、データセンターや流通センターをこの地に設置した。③X市と周辺の地域には活断層がまったくないため、同市に地震の危険はほとんどない。④実際、過去200年において地震の記録は皆無である。⑤この地域の地盤のタイプもまた魅力的材料だ。⑥地盤のおかげで遠隔地で地震が起こった場合でも、揺れが少なくてすみ、建物やコンピューターの被害を食い止めてくれる。⑦加えて、たとえ地震が海底で発生しても、X市は津波の影響は受けにくい。⑧市の海抜は50メートルで周辺の市より30メートル高く、海や河川から少なくとも20キロは離れている。

論理展開

1) **TS**
  2) ············
    3) ·········
      4) ······
    3) ·········
      4) ······
    3) ·········
      4) ······

● 解説 ● Step 1　リードに「X市が最近急速に発展する理由についての情報」とあるので、当然、トピックは「X市」。フォーカスは「最近急速に発展している」。時制は現在完了形を使って has been quickly developing ... となる。視野を広げると、発展しているのはX市だけではないので The city of X is one of the cities that have ... という言い方もできる。

● Step 2 & 3　情報を整理して並べていく。「X市が急速に発展」はトピックセンテンス①。一般常識も手掛かりに残りの情報を論理的に並べると、まず急速な発展について、直接的かつざっくりした理由を述べているのが②「地域的な安全性を売りに大企業を誘致」。残りの情報を見ると、「地域的な安全性」を支える「具体例」について何通りか述べていると思われる。具体例は大きく分けて、一般性のある順番で並べると「活断層がないので地震のリスクがほぼない」、「地盤のタイプ」「津波の影響を受けない」の3つ。③「地震のリスクがほぼない」には詳細情報④「200年大地震がない」が続く。⑤「地盤のタイプ」には同じく詳細情報⑥「離れた場所の地震を軽減して建物やコンピューターを守る」が続く。⑦「海底の地震による津波の影響をほぼ受けない」にはさらにその詳細情報⑧「海抜の高さや河川からの距離」が続く。

解答例②の by pointing out や⑤の attractive feature は理由付けのパラグラフで利点を挙げる際に使える便利な表現。理由をあらわす接続詞 because、追加をあらわす形容詞 another や前置詞句 in addition などの表現も使える。現在の市の特徴を表現しているので、時制は基本的に現在形だが、④のように詳細情報で過去の事例を引き合いに出す場合はもちろん過去形および現在完了形が使われる。

好きなトピックで 自由に書いてみましょう！

●まだまだある、理由付けパラグラフのトピック

理由付けパラグラフのライティング術で説明できるトピックはたくさんあります。
自分が今興味を持てる話題をいろいろと考えて、実際に書いてみましょう。

パラグラフ作成の流れ

① トピックとフォーカスを定める
↓
② 必要なキーワードを書き出してサポート用のアウトラインを作る
↓
③ パラグラフを書く

トピック例

1. 禁煙を始めた動機
2. TOEIC の学習を始めた理由
3. 自社商品の利点
4. 消費動向の分析
5. なぜ旅行をしたいのか
6. 有田市が陶磁器作りに向いている理由
7. 年内に納品できない理由
8. 義両親と同居できない理由

著者紹介

津島玲子(つしま れいこ)

津田塾大学国際関係学科卒。テンプル大学ジャパンキャンパス、津田塾大学等で英語講師を務める。一般企業にて5年半働いた後、大学時代に味わった英語恐怖症を打破するべく一念発起しアメリカへ留学。ライティングの面白さに魅了され、2004年サンフランシスコ州立大学にてM.A.(TESOL)とCollege Composition Certificate(大学レベルCompositionの教授資格)を修了。帰国後、自らのESL体験をもとに、学生、社会人や英語教師などへのさまざまなレベルのライティング指導に力を入れている。

究極の英語ライティング Basic

Standard Vocabulary List 1-3
[3000語レベルでロジカルな英文を書く]

発行日:2021年4月23日(初版)

        著者:津島玲子

    企画・編集:株式会社アルク 出版編集部
  英文作成協力:Braven Smillie
    英文校正:Peter Branscombe、Margaret Stalker
        校正:渡邉真理子
  AD・デザイン:伊東岳美
      イラスト:山内のどか

  ナレーション:Peter von Gomm
    音声編集:株式会社メディアスタイリスト
        DTP:伊東岳美
    印刷・製本:日経印刷株式会社

      発行者:天野智之
      発行所:株式会社アルク
            〒102-0073 東京都千代田区九段北 4-2-6市ヶ谷ビル
            Website:https://www.alc.co.jp/

地球人ネットワークを創る

アルクのシンボル
「地球人マーク」です。